燧石
FⅡnt
文库

The Art of Life

生活艺术

[英] 齐格蒙特·鲍曼————著

鲁擎雨 姚晨辉————译

ZYGMUNT BAUMAN

上海社会科学院出版社
SHANGHAI ACADEMY OF SOCIAL SCIENCES PRESS

你不是一个孤立的实体，

而是宇宙中独一无二、无可替代的一部分。

别忘记这一点。

你是人性拼图上不可或缺的一片。

——爱比克泰德:《生活的艺术》①

所有人都想幸福地生活，

但是，当他们想看清楚是什么创造幸福生活时，

他们却只能在黑暗中摸索；

诚然，获得幸福生活是如此困难。

若在追寻的途中走错了方向，

愈是耗费巨大的努力，

就离它愈遥远······

——塞涅卡:《论幸福生活》②

---

① Epictetus, *The Art of Living*, interpreted by Sharon Lebell, Harper One, 2007, p.42.

② *Seneca*：*Dialogues and Essays*, trans. John Davie, Oxford University Press, 2007, p.85.

目　录

引言:幸福有什么错

标题中的说法会令许多读者感到困惑,但这正是我的本意——迫使读者停下来思考。停在何处呢?停在我们对幸福的追求。大部分读者都会赞同,我们总是在思考这个问题,它占据了我们大半的生活。我们不能,也不愿放慢追求幸福的脚步,更不用说停下,那怕短暂的一瞬也觉得浪费。

为什么这种说法令人困惑?因为,询问"幸福有什么错",就像在问冰热不热,玫瑰花的气味是否难闻,是荒谬的。冰与热、玫瑰花与恶臭不相容,这样的问题预设了不可思议共存的可能性——热的地方,不可能有冰。但是,幸福之中可能存在错误吗?"幸福"难道不是无错的同义词吗?难道它不是隐含了错误不可能存在吗?难道它不是意味着所有、任何错误都不可能吗?!

然而,这正是迈克尔·拉斯廷(Michael Rustin)①的诘问。在他之前,有一群忧心忡忡的人问过同样的问题,之后大概也不乏

① Michael Rustin, "What is wrong with happiness?", *Soundings* (Summer 2007), pp.67-84.

来者。对此,拉斯廷解释道:我们身处的社会,是由亿万追求幸福的男女所推动的;社会变得越发富裕,人们却未必更加幸福。人对幸福的追求似乎适得其反。所有可得的经验数据都表明,在富裕社会的民众当中,财富的增加与幸福感的增强全无关联。但是,人们却普遍相信,前者是实现幸福生活的主要手段。

经济增长和幸福的增进紧密相关,这是人们鲜少质疑,或觉得不言自明的真理之一。至少,最著名、最受人尊敬的政治领袖及其幕僚、发言人都这么说。倾向于相信其观点的我们,不假思索地纷纷附和。他们和我们采取行动的前提,都是这种关联的真实性。我们希望他们为此付出坚定而积极的行动,也希望行动取得成效(增加我们的收入、可支配现金、财产总量),提升我们的生活质量,让我们比当下更加幸福。

在仔细阅读几乎所有相关的研究报告后,拉斯廷总结道:"在美、英等国家,生活水平的提高并没有促进主观幸福的提升。事实上,前者反而致使后者轻微下降。"罗伯特·莱恩(Robert Lane)发现,虽然在第二次世界大战后的数年里,美国人的收入获得惊人增长,他们却声称幸福感有所下降。[1]理查德·莱亚德(Richard Layard)在对比了多国数据后总结道,虽然人们所报告的生活满意度大体上和国民生产总值水平保持一致,但当匮乏和贫穷被驱散,核心的"生存"需求得到满足时,这个指标便停止大幅增长,或者增长速度会随着财富的进一步增加急剧降低。[2]总的来说,在

---

[1] Robert E. Lane, *The Loss of Happiness in Market Democracies*, Yale University Press, 2000.

[2] Richard Layard, *Happiness*: *Lessons from a New Science*, Penguin, 2005.

国民人均年收入高达 2 万—3.5 万美元的国家和国民人均年收入不足 1 万美元的国家之间,幸福感只存在几个百分点的差距。以提高收入的方式来增进民众幸福感的策略并不奏效。与此同时,有一个社会指数似乎随着富裕程度的增长而增长,其增长速度与主观幸福感在承诺和预期中的增长速度一样快,它就是犯罪率:入室盗窃和车辆盗窃、贩毒、经济贿赂和企业腐败。此外,还有令人不适、不安的不确定感,使人难以忍受,更不用说永远背负。一种弥散、环伺的不确定性,无处不在,飘忽不定,无法言明,也因此更加使人困惑、烦恼……

　　这样的发现令人深感失望。在过去几十年中,经济增长和可支配现金、存款的增加,被视为提高"绝大多数人"幸福总量的手段。这成为政府制定政策的目标,也变成作为臣民的我们选择"生活政治"策略的指导。同时,它也是衡量政府政策成功与否、我们是否获得幸福的标准。甚至可以说,现时代始于所有人都有权追求幸福的宣告,始于如今的生活形式较之先前更具优越性的承诺。作为证明,现时代向我们展示它是如何让追求幸福变得更简易、轻松,更富有成效。然而,我们要问,为实现这种证明所采用的手段,即利用国民生产总值来测量的持续性经济增长,会不会错了? 如果错了,它究竟错在何处?

　　人类体力和脑力劳动的产品形色各异,唯一的共通之处就是市场价格。统计国民生产总值的目的,是通过记录买卖过程中转手的货币量,获知产品供应量的涨跌。无论国民生产总值指数能否完成其名义上的任务,我们都无法确定,它是否应该像现在一样,被当作幸福增加或减少的标志。这背后的逻辑是,花费的增加一定会带来消费者幸福感的提升。可是，这种关联绝不是一目了然的。举例而言，我们都知道，追求幸福是一项耗费气力、充满风险且损害精神的活动。如果它导致抑郁症发病率增长，人们就会花更多的钱购买抗抑郁药物。如果汽车保有量上升致使车祸和受害者数目增加，就会有更多的钱支出于汽车修理和医疗。如果自来水质量普遍持续恶化，人们在旅途中就会花更多的钱购买瓶装水，备在帆布包和旅行袋里（在到达机场安检入口时，我们会被要求当场喝掉一整瓶水，通过安检后不得不再买一瓶）。在这些例子中，在许多相似的情境中，越来越多的金钱交易发生，大幅推动了国民生产总值的增长。这是毫无疑问的。只是，抗抑郁药物的消费者、车祸受害者、携带瓶装水的人，还有所有担忧厄运降临、苦难将至的人们，他们的幸福感并没有相应提高。

这些是昨日旧闻，并无新鲜之处。最近，让-克劳德·米谢阿①适时地重写了所谓"现代计划"②的曲折历史。③据他回忆，早在 1968 年的 3 月 18 日，罗伯特·肯尼迪在总统大选正酣之时，

①　让-克劳德·米谢阿（Jean-Claude Michéa），法国当代哲学家，主要研究乔治·奥威尔和自由社会主义，因批判当前左翼阵营过分崇拜进步而失去了反资本主义立场的激进性而闻名。——译注

②　现代计划（modern project）亦译作"现代筹划"。所谓"现代计划"，指的是中世纪晚期或文艺复兴时期孕育现代性的一系列政治和哲学运动，其共同的主题是将人从宗教的钳制下解放出来，推崇人的理性。"现代计划"的推动者包括马基雅维利、弗朗西斯·培根、笛卡尔和伽利略等人。有说法认为，此处的"计划"即是海德格尔所说的"筹划"（Entwurf）。它是一种让一切计划成为可能的存在状态，可理解为"开启性的抛投"。——译注

③　Jean-Claude Michéa, *L'Empire du moindre mal. Essai sur la civilisation libérale*, Climats, 2007, p.117.

凭借一番辛辣的演讲,戳穿了以国民生产总值衡量幸福感的虚伪性:

> 我们的国民生产总值,把空气污染、烟草广告和在高速公路上接救伤员的救护车纳入统计。它告诉我们,在家里、在把那些闯空屋的人拘禁起来的监狱里安装的安保系统成本几何。它包含我们在不断蔓延且混乱无比的城市化过程中毁掉的红杉林。它把凝固汽油、核武器和用于压制城市动乱的警用武装车辆的制造也囊括在内。它记录了……为了向儿童销售玩具而美化暴力的电视节目。另一方面,国民生产总值却对我们后代的健康、教育质量或游戏的快乐毫不在意。它无法衡量诗歌的优美或婚姻的坚韧。它无意评价政治辩论的质量或政客是否正直。它无视我们的勇气、智慧和文化。它对我们的同理心和我们对国家的奉献不置一词。总之,国民生产总值衡量着一切,却唯独遗漏了让生命苦难受之不枉的那些事物。

在发表了这番激烈的控诉,宣布要让赋予生命价值的事物重获重要性的几周后,罗伯特·肯尼迪遭到刺杀。我们再也无从知晓,如果当选美国总统,他是否会设法兑现他的诺言——暂且不论是否成功。我们能确切知道的是,在那之后的四十年里,几乎没有迹象表明,人们听到、理解、接受和记住了他的观点;我们选举出来的代表从未采取行动,去否认和批驳商品市场是通往幸福生活唯一通路。更没有任何证据显示,我们有意愿对生活策略做出相应的调整。

观察表明，在对幸福至关重要的事物中，大约一半没有市场标价，也无法在商店里购买。无论你持有多少现金和存款，在商场里，你都买不到爱和友谊，买不到家庭生活的乐趣，买不到关怀深爱之人或为邻居排忧解难的满足感，买不到圆满完成工作的自尊感（沉浸于我们共有的工艺本能），买不到工作伙伴和其他交往对象的欣赏、同情、尊重。此外，若要挣到足够的钱，去购买商店提供的物品，你要付出高昂的时间和精力成本，这会妨碍你获得和享受上述非商业化的、非市场化的事物。人们往往得不偿失，收入增长带来的幸福感总是被"金钱不能购买"之物愈发难以获得的不幸压倒。

消费（和购物）需要花费时间。把令人愉悦的消费行为所花费的时间减至最少，天然符合消费品出售方的利益。同时，他们也乐于削减或全然消灭那些占用人们大量时间、市场利润却相对微薄的必要活动。在商品目录的新产品介绍中，诸如"毫不费力""没有技能门槛""仅仅几分钟"或是"轻轻一触"便能享受到音乐、风景、味蕾的愉悦、衣物重归洁净等承诺经常出现，似乎在暗示买卖双方的利益是一致的。诸如此类的承诺隐晦地、间接地承认：商品的卖家不希望买家花费太多时间享受他们的商品，因为这会浪费掉原本可以用于大肆购物的时间。显然，这也是一个过硬的卖点。商家必然已经发现，潜在顾客希望尽快见到成效，不愿身心长时间遭到占用，以便腾出时间去享用其他更有吸引力的商品。如果出现一种新奇、精巧的电子开罐器，能减少开罐头所需的"对你有害"的气力耗费，那你就有更多时间到健身房里去，利用各种保证"对你有益"的器械锻炼身体。但是，无论在这样的交换中你获得了什么，你都无法确定，它对幸福的总量有何增益。

劳拉·波特（Laura Potter）别出心裁地研究了各式各样的等候室。她以为，在那里会发现"烦躁不安、怒火攻心、面红耳赤的人咒骂着每一毫秒的流逝"，愤恨地斥责着为了完成"紧要事务"而不得不经历的等待。① 她思考道，由于我们"盲目崇拜即时满足"，我们中的大多数人"已然丧失了等待的能力"：

> 在我们生活的时代，"等待"已经变成了一个贬义词。我们逐渐（也竭尽所能地）消灭了等待的需要，我们最新的形容词是以秒为单位的"立刻"。我们不愿花费短暂的 12 分钟等一锅米饭煮熟，于是有人发明了节省时间的两分钟微波加热米饭。我们不愿花费时间等待真命天子或真命天女的出现，于是我们开始闪电约会……在我们的生命中，时间总是不够用，21 世纪的英国人好像再也没有时间用于等待。

但是，出乎她（也许还有我们中的多数人）的意料，劳拉·波特却见到了另一番图景。无论她走到哪里，她都产生同样的感觉："等待是愉快的……等待似乎成了一件奢侈品，成为我们规划得满满当当的生活中难得的暇余。在黑莓手机、笔记本电脑和移动电话造就的'现时'文化（now culture）中，'等待者'把等候室当成了避难所。"波特总结道，也许等候室使我们回想起了令人愉快

---

① See "English patience", *Observer Magazine*, 21 Oct. 2007.

但已经被遗忘的休闲艺术……

为了节省时间去追求其他事物，人的生活变得匆忙。休闲带来的愉悦并不是这种生活中唯一的牺牲品。先前凭借我们的聪明才智、辛勤付出和精湛技艺才能实现的效用，现在被"外包"给了工具，我们如今只需刷一下信用卡、敲一下按键。那些曾经令人们感到幸福，或许对所有人的幸福都至关重要的东西，也在这个过程中丧失了："圆满完成工作"的自豪，因灵巧、聪慧和熟练产生的骄傲，完成艰难任务和克服巨大阻碍带来的满足。最终，我们会遗忘曾经习得的技能，丧失学习、掌握新技能的能力，继而失去满足工艺本能所带来的快乐，还有自尊所创造的幸福。因为，满足工艺本能是难以替代的、获得自尊的重要条件。

当然，市场十分乐意用工厂制造的商品替代"自己动手"。由于时间和精力的匮乏，你已经无法"自己动手"了。人们遵循市场的指示，使用市场提供的（需要支付费用并且产生利润的）服务。他们不必在家中厨房从原料开始准备食物，而是邀请伴侣去餐厅就餐，请孩子们吃麦当劳的汉堡，打包食品带回家。他们可以为所爱之人购买昂贵的礼物，用来弥补相伴时间的短暂和交谈机会的稀少，或代偿自己从未向对方表现出的兴致、共情和关怀。只不过，就算餐厅食物再美味、礼物的价签再高、品牌的名气再大，它们也比不上其所代偿之事物对幸福感的增益。那些已经消失或变得稀少的事物包括：一起烹饪一桌菜肴，并齐聚桌前共同分享，有在意的人长久、专注地聆听自己最隐秘的想法、希望和忧虑，以及其他类似的倾注了爱意、展现出投入和关心的举动。因为并非所有"主观幸福"必需的事物，尤其是那些无法市场化的事物,都具有公约数。因此,天平的平衡无法用数量增减来实现。一件事物的丰腴,不能代偿另一项不同性质、不同来源的事物的匮乏。

任何奉献都需要给予者做出一定牺牲,正是自我牺牲的意识增进了给予者的幸福感。从这个角度来说,无需付出或牺牲的礼物,不要求放弃任何价值,因此也没有价值。杰出的人本主义心理学家亚伯拉罕·马斯洛①和他的小儿子都喜欢吃草莓。马斯洛的太太,也就是孩子的母亲,总是在早餐时给两人准备草莓。马斯洛告诉我:"我的儿子和大多数孩子一样,缺乏耐心,莽撞冲动,不会细细品尝他喜爱的食物,延长快乐的时间。他会立刻把自己的盘子吃得一干二净,然后眼巴巴地看着我仍然堆满草莓的盘子。每当这种情况出现的时候,我就把我的草莓分给他。""然后你知道的,"马斯洛讲到了故事的结尾,"在我的记忆里,给他吃那些草莓,比我自己吃它们更美味……"自我牺牲,是爱和友谊的忠诚伴侣。市场精准地发现了利用人们自我牺牲的冲动去挣钱的机会。和多数被公认为人之幸福不可或缺的事物一样,自我牺牲的意愿也被商品化了。如果女先知卡珊德拉②出现在我们的时代,她会提醒我们,就算在赠予礼物时,也要警惕市场……如今,自我牺牲主要,甚至完全意味着割舍一笔数额巨大的金钱,这种行为也会显示在国民生产总值的统计表格里。

---

① 亚伯拉罕·马斯洛(Abraham Maslow),美国心理学家,曾提出著名的需求层次理论。——译注
② 卡珊德拉(Cassandra)在《伊利亚特》中是特洛伊的公主,在欧里庇德斯的《特洛伊妇女》中是阿波罗的祭司。她因有神蛇以舌为她洗耳而具有预言能力,却不被听信。——译注

　　总而言之,认为只需要关注国民生产总值这个指标,就能增进人类幸福的总量和深度,这样的想法具有严重的误导作用。当其成为政府治理的准则时,这种说法会产生危害,引发与人们的意愿、宣称的目标完全相悖的结果。

　　一旦那些提高生活质量的事物开始从非货币领域向商品市场转移,我们便难以阻止它。这种转移会积蓄势头,自我推进、自行加速,进一步减少本质上只能由人亲手创造、只能在高情感浓度的人类亲密关系中才会产生的事物的供给。当向他人提供金钱无法购买之物的可能性降低时,我们就越不愿意与他人携手、共同创造它(通常认为,合作的意愿是我们能向他人提供的、最令人满足的事物),随之而来的是更深切的愧疚感和不幸福。当怀揣负罪感的人想要赎罪,消除这种愧疚感时,他们会寻找可用金钱购买的更昂贵的替代品,向他们的生活伴侣作出补偿。于是,他们会为了挣更多的钱而离开伴侣。结果,因为人们太忙碌、太疲惫而无法创造和提供的那些极度短缺的事物,其生产和分享的机会进一步减少。

　　如此看来,国民生产总值并不是衡量幸福感的合理手段。或许,它可以被视作一个灵敏的指标,显示出在追求幸福的途中,我们在多大程度上被强迫、说服、哄骗,或者在计谋的操纵之下采用了这种误导性策略。我们能从国民生产总值的统计数据中看出,无论追求幸福者采取的策略是否存在差异(事实证明策略具有多样性),无论这些策略所指向的道路有多么不同,他们最终选取的道路,在有意设计之下,都是通往商店。商店,正是货币转手最适宜的场所。我们能从统计数据中看出,幸福和消费的数量、质量之间存在紧密关联这则观念,是多么深入人心、备受推崇。所有把商店作为追求幸福之手段的策略都以此为基础。我们也能从数据中得知,市场将制造幸福所需的消耗等同于对商店物品和服务的消费,成功利用这则隐藏的观念,收获了源源不断的利润。

人们把幸福等同于购买能制造幸福感的商品,其最明显的效果之一,是对幸福的追求变得永无止境。追求幸福的脚步不能停止,因为停止即意味着幸福的终结。具象的幸福无可获得,只有不停地追求虚无缥缈的目标,才能让追求者感到(尽管是微小的)幸福。在通往幸福的道路上,没有终点可言。工具变成了目的:梦寐以求、惹人垂涎的"幸福状态"难以触及,只有身在途中才能得到慰藉。只要人们不退出这场竞赛,未因精疲力竭而倒下、因犯规被罚下场,获得胜利的希望就永远不会破灭。

市场巧妙地把幸福之梦的内容,从充实而满足的生活,改换成对传闻中幸福生活所必需的手段的追求。它以这种方式,确保人们对幸福的追求永不停止。作为追求对象的各种目标,以令人咋舌的速度更新换代。追求者(当然还有热心的教导者)清楚地知道,为了达成目的,其所追求的各种目标必须在短时间内被淘汰,丧失光芒、吸引力和魅力,遭到抛弃,并一次又一次地被其他"新颖的、改良的"目标物替代,而后者,也终将遭受同样的命运。在不知不觉间,幸福的愿景不再是购买后的快乐,而是在它之前的购买行动本身——在这种行动中,充满了喜悦的期盼,充满了纯净的、未被玷污的、未遭破坏的希望。

多亏了广告写手的勤奋和专业素养,在今天,人们大多在青少年时期就能习得这种生活"智慧"。彼时的他们，还没有机会了解有关幸福本质和通往幸福之路的哲学思考，因此，他们根本无从细究和反思广告所传达的要旨。比如，我们可能在一份受众广泛、声誉极佳杂志的"时尚"栏目读到，一位名叫利珀蒂（Liberty）的 12 岁女学生"熟知如何时髦地搭配服装"。①她"最喜欢的商店"是 Topshop。按照她的话来说："虽然这家店价格高昂，但我知道，我一定会买到时髦的衣服。"在她看来，经常光顾 Topshop 最主要的好处，是让她感到放心和安全，因为 Topshop 的顾客替她承担了失败的风险，主动背负起了选择的责任。如果她在这家商店里购物，犯错的概率几乎或完全被削减为零。利珀蒂不相信自己拥有足够的品味和判断力，不敢购买（更不用说穿戴）吸引她的服饰。但是，她却敢在公众面前炫耀在 Topshop 购买的衣服，因为她相信，这能为她带来认同、赞赏，以及随之而来的羡慕和高社会地位。获得这些令人愉悦之物，就是在公众面前炫耀服饰的目的。在谈到去年 1 月购买的短裤时，利珀蒂说："我曾经讨厌这条短裤。的确，我之前也喜欢过它，但在把它买回家之后，我又觉得它太短了。后来，我在《时尚》(*Vogue*)杂志上看到一位女士，她穿着我从 Topshop 买到的短裤！自那以后，我就与它形影不离。"这就是商标、徽标、商场对顾客的意义：在通往幸福的蜿蜒曲折、充满陷阱的道路上，成为他们的指引。幸福感来自一张公众承认和尊重的权威凭证——证明一个人走在正确的道路上，证明一个人处于追求的过程中，证明一个人的希望被允

---

① See "My favourite outfit", *Observer Magazine*, 22 Apr. 2007, p.39.

许保留。

问题在于，这张证书的有效期有多久？或许在 2007 年 4 月，"自那以后，我就与它形影不离"的说法是符合实际的，但在利珀蒂漫长的人生里，这并不会一直持续下去。数期之后，那位穿着 Topshop 短裤的女士不会再出现在《时尚》杂志上。公众认可的凭证会显示出其淡字体条款和短暂的有效期。当利珀蒂下一次再去 Topshop 购物时，她绝无可能再看见相似的短裤。但是，利珀蒂肯定会反复光顾 Topshop。为什么？首先，她已经习惯了信任店内工作人员的"智慧"，是他们决定了在她到店的那一天把什么商品摆在货架上；她相信，店里售卖的商品都附有一张保证书，确保她一定能获得公众认可和社会承认。其次，从她短暂却强烈的体验中，她发现，放在货架上和购物车中的商品几天后就会被替换。若要获取什么"仍然时髦"、什么"已经过时"、什么"在当天受欢迎"这些快速更新的知识，她必须经常光顾这家商店，以确保她的服装搭配能够一直"时髦"。

如果你找不到值得信任的商标、徽标和商店，你会陷入迷茫，甚至迷失方向。商标、徽标和商店，是在威胁着你安全的湍流中仅存的几处避风港；是在一个令人忧虑、充满不确定性的世界中鲜见的庇护所。只不过，如果你把信任交给商标、徽标和商店，你就抵押了你的未来。只要你的信任尚未动摇，"时髦"或者"入时"的短期凭证就会持续不断地发放到你手中。与此同时，藏在商标、徽标和商店背后的人，将确保交到你手中的新凭证，会和旧的一样迅速失效，甚至比旧的有效期更短。

显然，把未来抵押出去关系重大，须谨慎抉择。利珀蒂只有

12岁,拥有一个长远的未来。但是,无论未来或长或短,只要在充斥着商标、徽标和商店的消费社会中追求幸福,抵押未来就是一项必要条件。有一名著名男演员比利珀蒂年长许多,他是新秀丽(Samsonite)公司的广告代言人。他的未来似乎也被抵押了。虽然这符合他的年龄,但抵押合约却是在久远的过去签下的——至少,广告是这样暗示的。广告文案的标题"生命是一场旅行"铺设了背景,烘托出字体加粗、部分字母大写的主旨:"个性的要诀是保有鲜明的身份"(留意这处的"保有"用词)。在照片中,这位著名男演员乘船沿塞纳河行驶,远处是巴黎圣母院,他手中拎着新秀丽新上市的产品——一件"Graviton"①旅行箱(请注意,一件以轻便为宣传要点的旅行箱,其名称却指向"引力")。文案作者担心观者不能理解广告的含义,迫不及待地解释:"这位著名男演员携带新秀丽 Graviton 旅行箱出行,是在释放一种信号。"他们没有说明信号的内容,而是相信,在经验丰富的观者眼中,即便不加解释,内容也能够明确地传达出去。文案的含义容易理解:"我刚从约翰·路易斯百货商店出来。Graviton 旅行箱上市了。在富有吸引力的人群的簇拥下,我买了一个旅行箱,增加了(或者说保有了)我的独特吸引力。"

对这位著名男演员和利珀蒂来说,拥有和公开展示在正确的商店里买到的、有着正确商标和正确徽标的物品,其最主要的作

---

① "Graviton"原指量子力学中的一种假设出来的基本粒子,其作用是通过交换传递引力,故被称为"引力子"或"重力子"。在这里,作为商品名的"Graviton"意在向消费者传达一种讯息,即商品本身是具有吸引力的,拥有这件商品也会增加消费者对他人的吸引力。——译注

用在于得到和保有他们想要的社会地位。如果不能在社会范围内得到承认，社会地位毫无意义。社会地位的每一个层级都有准则和评判者。这意味着，一个人需要得到相应社会的承认，接纳他成为当之无愧的成员，也就是"我们中的一员"。

商标、徽标和品牌是承认语言中的词汇。近几年来，我们对身份认同进行了诸多探讨，人们希望借助品牌和徽标获得的、按照规则得到"承认"的，正是身份认同。在上述行为背后，隐藏着对"身份认同"的担忧。这种担忧在消费社会中被赋予了极大的重要性。展现个性、得到他人对自己身份的承认、寻找并获得确保这些彼此勾连的目的得以实现的手段，成为追求幸福人生中最重要的问题。

在过去，出身决定了人的社会身份。但在现代早期，人们承担起了建构自己身份的任务和责任。自出身社会演变为功绩社会以来，身份认同成为一个极端重要、令人欲罢不能的活动。如今，和其他生活要件一样，身份不再具有一成不变的方向，也不再留下牢固坚实、不可摧毁的印记。在当今，人们期望并偏好可以轻易消解的身份，以便再以其他方式将其熔铸。在过去，身份会延续一生。但现在，它只是当下时刻的属性。身份曾经是被设计好的。但现在，它的构造不以永久存在为目的，需要不断被组装和拆解。这两种明显矛盾的行为具有同等重要性，而且往往对人具有同等吸引力。

如今，对身份的操控不是预付费、禁止取消的终身订阅项目，而是一项类似于"即时观看付费"或者"即时通话付费"的活动。对身份的操控仍然需要持续投入关注，但现在它被分割为大量的短促行动（随着营销技巧不断翻新变得愈来愈细微），即使是片刻的注意力，也能被它吸收。它是一连串突发的、狂热的行动，既没有预先设定，也无从预判；它的成效即刻显现，既不会延迟，也不会有长驻不退的风险。

在流动的现代性下，要实现对身份的再处理和再回收，需要施展杂技演员一般的技艺，或者更确切地说，需要具备魔术师的智慧和身手。以拟像①作为权宜之计，身为消费者的芸芸众生也能够开展这种实践。类似于身心疾病，拟像消解了"事物本身"和"事物伪装"之间、"现实"和"幻象"之间、事物的"真实状态"和"拟真"之间的差别。曾经，构建身份被视为一件永无尽头的苦差事，需要不停地调动、消耗大量内在资源。如今，只要花费少量金钱和时间，就能凭借买来的现成装备获得身份。当然，由购买的身外之物所构成的身份，它的吸引力与花费的金钱正向相关。近来，更长的等待时间也增进了身份的吸引力。最高档的名牌商店开始推行候补名单制度，目的是凸显某身份标志物赋予饱经等待的购买者的独特性。社会科学奠基人之一的格奥尔格·齐美尔②指出，在很久之前，一件价值物的价值是以为了获得它而牺牲的其他价值物来衡量的。现在，人们被抛入一个以快速流动和快速变迁为特征的液态消费社会。对他们而言，延迟满足可谓是

---

① 拟像（simulacrum），指对人或事物的再现和模仿。法国哲学家让·鲍德里亚在1981年的《拟像与仿真》中提出，在后现代社会中，符号或拟像的"所指"和根基已经消失，想象不仅切断了与真实的关联，而且其本身已成为真实。——译注

② 格奥尔格·齐美尔（Georg Simmel），亦译作西美尔，德国社会学家、哲学家，主要著作有《货币哲学》《社会学基本问题》和《社会学》等，是反实证主义社会学的代表人物。——译注

最痛苦的折磨。

取消过去,获得重生;抛弃陈旧、破损的自我,获得一个迥异的、更具吸引力的自我;再生为完全不同的某个人,并从新的起点出发……我们很难断然拒绝这些诱人的提议。的确,为何要进行自我提升,去经历过程中不可避免的艰苦付出和痛苦牺牲呢? 如果付出的努力、对自我的否定和难耐的苦行不能在短时间内获得回报、弥补损失,为何要无止境地投入呢? 及时止损,重新开始,褪去旧皮囊,抛弃旧斑痕,购买一副全新、现成、可立即穿上的皮囊,显然是更经济、更迅捷、更彻底、更方便、更容易实现的途径。

当事情变得棘手时寻求脱身,这不是一件新鲜事。人们总是做出这样的尝试,结果有好有坏。令人感到新奇的,是逃避旧自我和定制新自我的双生梦想,以及它唾手可得的信念。这不仅是一个可实现的选项,还是最容易实现的选项,是在困境中最有可能起效的选项;它是一条捷径,不那么麻烦,不会消耗太多时间和精力。因此,按照齐美尔的说法,在与其他必须放弃的价值物总量相衡量后,它是一个成本较低的选项。

如果幸福永远唾手可得,如果获得幸福只需要耗费几分钟浏览黄页,再从钱包中取出信用卡,那么,在抵达幸福之前停下脚步的人,一定不是“现实的”或“真实的”,而是一个或懒惰、或无知、或无能的老古董,甚至于三者全是。这样的人一定是在伪装,或是在遮掩。当人们付出足够努力并且采用了正确的手段和技能时,所得的幸福感本应该像宣称的那样充沛而强烈。幸福的缺失、不足和寡淡,驱使人们不满足于当下的“自我”,不断进行自我探索(或者说自我创造)。我们需要把虚假的或者"一团糟"的自我丢掉,因为它"不本真"(non-authenticity)①。如果人们可以确信,短暂的一瞬之后,正在经历的当下会成为过去,新的当下会如期而至,带来新的承诺、新的可能、新的开始,那么,就更没有理由停止对真实自我的追寻。

在消费社会和消费人生中,只要还未丧失我们终将幸福的希望,我们就会感到幸福;只要希望之光仍在闪烁,我们就能免受不幸的侵袭。所以,幸福的要诀和痛苦的解药在于保有获得幸福的希望。但是,只有"新机遇"和"新起点"迅疾、连续地出现,永远存在新开始的愿景不破灭,幸福的希望才能存活下来。为了满足这些条件,需要把生活切割为一个个闭合和独立的片段,每一个片段都有自己的情节、角色和结尾。每个角色只在该片段中出现,得不到进入下一个片段的承诺。每一个片段都拥有自己的情节,每一个片段都需要新的演员。任何的承诺都只限于当下的片段。无期限的承诺和对幸福的追求似乎是矛盾的。在消费社会中,所有的联系和纽带都必须遵循消费者和他所购买的商品之间的关系模式:商品不应该过久地逗留,一旦商品成为某个生活阶段的累赘而不是装饰,就必须被舍弃;消费者不必,也不愿意永远忠诚于他们买回家的物品,也不会赋予这些物品永久居留权。消费主义的关系从一开始就是"直到另行通知为止"。

这类新型关系大有取代过去的"至死不渝"关系的趋势。在

---

① 在海德格尔哲学中,非本真性是沉沦状态的结果,也就是让自身隐匿在常人之中,屈服于社会主流的规范和价值。——译注

最近一项相关调查中,斯图亚特·杰弗里斯(Stuart Jeffries)指出,"承诺恐惧症"来势凶猛,"将风险暴露减至最低的轻度承诺"变得"越来越常见"。①这些方案旨在减少痛苦和伤害。进入一段新关系总是伴有风险,荆棘和陷阱在路途中才会显露,它们的全貌难以提前预知。在进入新关系时许下何种情况都同舟共济的承诺,无异于在空白支票上签字。它预示着遭遇未知的、不可想象的难受和痛苦的可能性,且无法援引任何退出条款。"新的、改良的""轻承诺"将关系的存续时间缩减至其带来的满足感消失:一旦满足感消退,或者降到可接受的标准线之下,承诺便不再有效,一刻都不通融。

几年前,为了遏制一股暂时兴起的潮流,一场以"狗是终生伙伴,不只是圣诞节礼物"为口号的战斗打响了。这场战斗的目的是阻止人们在 1 月份抛弃去年 12 月份购买的宠物,因为到那个时候,孩子们就厌倦了作为圣诞节礼物的宠物,开始对照顾宠物的日常琐事感到厌烦。从杰弗里斯的研究中,我们得知,今年 10 月,在商业上享有巨大成功的美国公司"灵活宠物"(Flexpetz)将在伦敦开设分公司,它让顾客能和一只"可爱的、经过全面训练的"小狗"一起度过几个钟头或几天的时间"。灵活宠物公司专注于"提供传统的快乐但消除拥有的痛苦",是该领域扩张最快的公司之一。这种用暂时替代持久的趋势,不仅出现在宠物领域。"共同生活"但憎恶婚姻的伴侣也在急剧增长。2005 年,同居伴侣的数量已增加至 200 多万对,并且大概率不会止步于此。

---

① Stuart Jeffries,"To have and to hold",*Guardian*,20 Aug. 2007,pp.7-9.

目前，至少有两种不同的方式，来审视"承诺恐惧症"对人们幸福现状和前景的影响。一种是欣然接纳，并赞叹获得快乐的成本有所降低。未来约束的幽灵，盘旋在承诺关系的头顶，就像是会"坏了一锅汤"的苍蝇，在这只苍蝇搅局之前杀死它，明显是一种改善。但是，斯图亚特·杰弗里斯也发现，在规模最大的几家汽车租赁公司中，其中一家却建议顾客为经常预订的车辆取一个名字。杰弗里斯评论道："这则建议发人深省。这表明，就算我们不像从前那样作出长期承诺，依恋仍然会带给我们情感上的，甚至是自欺欺人的快乐。它就像是旧生活方式的幽灵。"

的确如此。我们一次又一次发现，鱼与熊掌不可兼得。或者说，天下没有免费的午餐，有得必有付出。你庆幸自己从麻烦的汽车保养工作中摆脱出来：一辆汽车需要经常清洗、换轮胎、更换防冻液和润滑油、延长驾驶执照和保险的有效期，以及其他一系列需要完成和记住的事项，你或许会为此烦恼，抱怨其中的麻烦和浪费的时间，你原本可以用这些时间找些更有趣的消遣。但是，保养汽车并不完全是一件令人不快的事情。在你完成工作的过程中，特别是在你运用自己的技能，全身心投入的过程中，也有充分的快乐。渐渐地，或许缓慢得令人难以觉察，极致的快乐——"依恋的快乐"诞生了。它的萌发，既依赖于你所照料的对象，也依赖于你的付出。那是难以捉摸却又无比真实、无法抗拒的"我和你"关系的快乐——"我们相依为命""我们是一个整体"。那是"有所作为"，发现自己被需要、自己不可被替代的快乐。这种快乐在自我关注的孤独中无从找寻——那里只关注自我创造、自我伸张①和自我提升。这种快乐只会在浸润着关怀和照料的时间中产生。关怀和照管是珍贵的纱线，依恋和相伴的彩缎由它织就。

在弗里德里希·尼采的理想中，一个完全的人，一个幸福的人，是一个"超人"。这个理想形象在后现代或"流动的现代"背景下受到追捧。"超人"是掌握了自主艺术的大师，有能力规避和远离所有束缚普通人的牵绊。"超人"是真正的贵族，是"强大的、居于高位的、思想过人的，超人认为自己是善的，认为自己的行为是善的，"②直到超人面对仇视和敌对，败给"那些地位低下、思想落后的俗众"，退却并丧失了自信和决心。可以说，"超人"是过去的贵族③，他以原始的、纯粹的、未经雕琢的形态复活或转世，摆脱了之前厄运和屈辱造成的精神遗存，凭借自己的意志和行动重现昔日自然而真实的样貌。④

对于尼采的"超人"而言，无视所有规则、义务的力量和决心，就是最高的价值，须不惜一切代价捍卫。但他很快就会发现，在实现超人式自我主宰的道路上，有一个巨大的障碍，即顽固的时间逻辑。对此，汉娜·布克岑斯卡-卡勒维茨（Hanna Buc-

---

① 自我伸张（self-assertion），也可作"自我主张"，指以强有力的方式表达和显露自身的观点立场。——译注
② Friedrich Nietzsche，*The Genealogy of Morals*，trans. Horace B. Samuel，Dover，2003，p.11.
③ 更准确地说，是在尼采的描述和想象中存在于过去某一时刻的贵族。
④ 尼采坚称，"'出身高贵者'会直接感觉到自己是'幸福的人'，他们无须人为地构造幸福……或者说服、欺骗自己是幸福的……他们是完整的人，是充满力量的人，因此他们必然是积极的人；他们极度聪慧，不会切断幸福和行动之间的联系，行动在他们的头脑中必然地被当作幸福。"Ibid.，p.20.

zynska-Garewicz)①的评论颇具洞察力。她将其称为令人头疼却无法征服的"当下的持久性"。自我主宰需要有能力消除或至少平衡不利于自我创造的外力影响。外力之中最令人生畏和难以抵御的，正是即将成为超人者实现自我主宰的欲望所留下的痕迹、沉积或遗存，以及他为达成目标所行之事的后果。当下时刻（实现自我主宰道路上的每一步都是"当下时刻"）无法与已经发生的过去完全切断联系。"崭新的开始"只是幻想，无法在现实中实现，因为当行动者抵达当下时刻，必定携有过去时刻无法抹除的遗迹。完全自足、独立的"片段"只不过是虚构。行动的结果在行动结束后持续存在着。"设计未来的意志被过去剥夺了自由，"布克岑斯卡-卡勒维茨评论道，"清算旧账的意志指向过去，这是（正如尼采的代言人查拉图斯特拉所说）把意志气得咬牙的孤独折磨。"可以说，"当下的持久性"为展开"新开始"的尝试敲响了丧钟；在熟知此理的人耳中，丧钟的声音早在尝试之前就清晰可辨。在自我主宰的孕育过程中，大多数胚胎的结局要么是被动流产，要么是主动堕除。

尼采希望"超人"对过去（包括他过去的事迹和承诺）不屑一顾，希望他不被过去束缚。但请允许我重申：那使飞驰的想象力放慢速度或趋于停止的过去，那束缚了未来设计者拳脚的过去，只不过是过去时刻的沉淀。当下的软弱，是过去的力量显现出来的直接或间接的结果。最可怕的是，有志成为"超人"者（也就是

---

① See Hanna Buczynska-Garewicz, *Metafizyczne rozwazania o czasie*（Metaphysical Reflections on Time），Universitas，2003，pp.50ff.

那些采信了尼采的战斗号令并决定执行的人)的才智和决心越强,他们越是巧妙地支配、操纵、利用当下的每一个时刻,以增添和扩充根植于权力及其展示的幸福,那么,他们"成就"的印痕就会更深刻、更难以磨灭,他们未来的回旋余地也就越狭窄。

尼采的"超人"似乎注定落得和我们大多数普通人一样的结局。比如,道格拉斯·肯尼迪①故事里的主人公,一个"想要过自主生活的男人"。②他不断使自己陷入义务垒成的围墙,家庭生活中与日俱增的陷阱让围墙越来越高,但他时刻在梦想着获得更多自由。他决心轻装上阵,负荷却不断在增加,直到自己被压在地面上,连最轻微的动作都成了痛苦。他被迫卷入(或者说主动陷入)无法解决的矛盾,和其他人遭受了同样多的苦闷。他不是受害者,不是他人怨憎或敌意的对象。他获得自我伸张自由的梦想是被他亲手破坏,被他实现自我伸张的努力破坏。压迫他、让他发出痛苦呻吟的负担,是他渴望和梦寐以求的——事业、房产、孩子、存款。正如肯尼迪所说,正是这些让人歆羡和渴望的"生活财产",成为人们早晨从床上爬起来的动力……

无论尼采是何意愿(大概率会违背他的本意),我们可以将他的话解读为一句警告:虽然自我伸张是人的使命,虽然履行这种使命需要掌握超乎人之外的主宰自我的力量,虽然人们需要寻找、召唤和运用一种真正的超人伟力才能够履行使命、不埋没人的潜能,但是,"超人计划"从一开始就埋下了失败的种子。或许,

① 道格拉斯·肯尼迪(Douglas Kennedy),美国知名小说家,著有《摄影师》(*The Big Picture*)和《如果绝望会说话》(*Leaving the World*)等作品。——译注
② See Douglas Kennedy,*The Pursuit of Happiness*,Arrow,2002.

这是无法避免的。

我们的生活是艺术品。不管我们知道，还是不知道，也不管我们是享受，还是哀叹，它都是一个事实。为了遵循生活艺术之道度过一生，我们必须像艺术家一样，为自己设立难以直接应对的挑战（至少是在设立时刻难以应对的）；我们必须选择远远超出自身能力的目标（至少是在选择时刻远远超出的），选择那些不知为何似乎总是远远高出我们能力的衡量标准，去评判我们所做、将做之事。我们需要尝试不可能之事。就算看不见任何可信的吉兆，我们希望，经过漫长艰苦的努力，我们有一天能够达到那些标准，实现那些目标，顺利解决挑战。

人天然地栖居在不确定性之中。但是，人希望从不确定性中摆脱出来，这是人生追求的动力所在。就算不曾明说，摆脱不确定性仍是任何幸福构想中至关重要的因素。这就是为什么"真正的、完整的"幸福似乎总是在前方、在远处，就像是地平线。每当你试图靠近，它就会后退。

第一章
幸福之痛

对于成千上万显贵人士和更多梦想跻身上流的普通人而言，《金融时报》是每日必读的刊物。该刊另设有一份用铜版纸印刷的月度增刊，名为《如何花费》(*How to Spend It*)。刊名中"花费"的对象自然是金钱，或者说，是在投资产生更多金钱的项目之余，在支付房屋和花园维护、家庭开支、定制服饰、先前伴侣的赡养费和豪车保养费之后，剩余的金钱。也就是，在除去显贵人士不得不屈尊满足的各类必需之后，任凭其自由选择的余地（往往很充足，但他们总希望有更多）。刊名中"花费"的对象，是在经历大量神经紧绷的风险决策，度过许多唯恐脚步踏错、押注失败的不眠之夜之后，人们盼望的回报。它是变痛苦为值得的快乐。简而言之，它代表了幸福。或者说，人们深切希望它就是幸福。

安·里平(Ann Rippin)逐期翻阅了《如何花费》的过刊，期望找出"处于上升阶段的现代年轻人"获得幸福的物质来源、象征和证据。[①]

① Ann Rippin, "The economy of magnificence：organization，excess and legitimacy"，*Culture and Organization*，2(2007)，pp.115-129.

不出所料，所有通往幸福的道路，都指向商店、餐厅、按摩店和其他消费场所。当然，花费金额也是巨大的：一瓶标价 3 万英镑的白兰地，或一间为了储藏这瓶白兰地和其他葡萄酒、造价 7.5 万英镑的酒窖，令受邀到访的观众心潮澎湃（感到嫉妒？蒙羞？惭愧？痛苦？）。但是，除了几乎将所有人都拒之门外的高昂价格，有些商店和餐厅还会提供额外的服务，一项令其他人难以企及的服务——极难获取的私密地址。它让极少数获知地址的人感觉自己是"天选之人"——一个普通人做梦都难以企及的高度。或许，这种感受曾出现在聆听天使宣布神恩的灵修者心中，但在这个清醒、实际的"现世幸福"时代，除了去商店，我们很难，甚至无法找到获得此般感受的其他捷径。

一位《如何花费》的长期撰稿人解释说，某些价格过于昂贵的香水之所以"如此诱人"，是因为它"专为忠实顾客提供"。除了与众不同的香味，它还是嗅觉"出众"的象征，象征着某人属于出众之列。安·里平表示，这类幸福感属于一个排他群体，一个几乎将所有人排除在外的群体。他们以超凡味觉、眼力和鉴赏力作为徽标，通过夸耀他人无法获得之物或参观他人无法踏足之地来展现。这个群体的本质是排他性认知，知道自己身处被选中的极少数。味觉、视觉、听觉、嗅觉和触觉带来的愉悦，在得知他人无法享有这些感官乐趣之后，会成倍增加。令显贵人士感到幸福的，是这种特权意识吗？衡量向幸福迈进的标尺，是同行者数量的减少吗？又或许，尽管没有明说，未宣之于口，正是这样的观念指导着《如何花费》的读者对幸福的追求？

无论如何，里平表示，这种实现幸福的手段只有一时之功：长期的焦虑会迅速淹没金钱买来的片刻快乐。她坚信,《如何花费》所营造出来的"梦幻世界"是"易碎和短暂的。凭借奢华和超越求得的承认,隐含着不稳定性和脆弱性"。"梦幻世界"的住民深知,他们"永远得不到足够的安全感。消费并不能带来确定性和满足,而是会引发不断加剧的焦虑。满足是永远不可企及的。"一位《如何花费》的长期撰稿人告诫读者,在每个人都能负担得起一辆豪华轿车的世界里,志存高远者"除了更胜一筹,别无他路可寻"。

如果你仔细思考,一定能得出这个结论。然而,不是每个人都会这样做。鲜有人关心这个问题,即使有人关心,他们也缺乏深入思考的能力。他们负担不起眼界的价格,后者也拒绝为他们降低身价。但是,《你好》(*Hello*)①杂志是我们大多数人能负担得起的,对这些名流杂志上"追求幸福"行为的偶然一瞥,在邀请我们效仿,而不是警告我们切莫尝试。毕竟,这样才能让你成为顶流……无论担忧、焦虑多么令人痛苦,都只是跻身顶流必须付出的微小代价。这种说法看起来简单又合理:通往幸福的道路要经过商店,商店越是高档,幸福感就越强烈。获得幸福,意味着得到其他人没有机会得到之物。幸福需要胜人一筹……

如果没有藏匿在马厩房②或选择性(而且极少)向外透露地址的精品店,就不会有生意兴隆的商业街。精品店和大众商店销售不同的产品,却传达着相同的讯号。二者承诺实现的梦想也惊

① 1988 年,*Hello!* 在英国创刊,是第一家关注明星的娱乐杂志。——译注
② 在乔治亚和维多利亚时代,上层权贵在新建豪宅后面修出两层房屋,用来安置马车、马匹和马夫,称为马厩房(mews),如今它们多被改造为高规格住宅。——译注

人地相似。精品店为少数精英提供的一切,确保了商业街的批量复制品对顾客许下的承诺也具有权威性和可信度。精品店和大众商店承诺的内容近乎一致:令你"比……更优越",由此你能够征服、羞辱、贬低和藐视其他想效仿你却最终失败的人。简而言之,就是为你提供胜人一筹的承诺。

有一份报纸会定期刊发对新上市电子游戏的评论,也是《金融时报》许多读者经常参阅的读物。电子游戏受到欢迎,是因为其提供的乐趣:安全、自由地体验胜人一筹的场景。虽然在现实世界中,游戏中的场景不可避免地经常发生,但其中充满了风险和危机。这些游戏能让你抛下受伤的恐惧,抛下出于良心谴责拒绝伤害他人的顾虑,施行被怂恿或主动想做之事。在这些游戏中,一款"撞车大赛"(demolition derby)的推荐语是"终极大屠杀"和"只有一个人能站到最后"。评论人饶有兴致、略带讽刺地描述道:

> 在赛场的诸多活动中,最有意思的……是要求你以恰当的时机、恰当的角度撞车,把你的司机人偶甩出挡风玻璃,甩到半空中。你既可以把倒霉的主角从巨型保龄球道滚下去,也可以用他打水漂,让他像石片一样在宽阔的水面上滑行。每项活动都极具荒诞性、暴力性和滑稽性。

你的灵活(对冲撞时间和角度的把握)和游戏角色的倒霉(他无法对你施加报复)之间的反衬,是"胜人一筹"如此有趣、玩起来如此尽兴的原因。在展现你的高超技巧时,你会感到自尊和自我价值的高涨，其代价是游戏角色遭到羞辱。如果游戏角色被抛出挡风玻璃时，你不是安稳地坐在驾驶位上，即使你的技巧高超，你也只能感到一半的满足感和乐趣。

马克斯·舍勒[1]早在 1912 年就发现，如果没有比较，人就不能感知价值。只有在与他人财产、境况、品质的"比较过程中，且通过比较"，普通人才能领会价值。[2]问题在于，这种比较会带来副作用。人们往往在比较中发现，自己并不具有某种被他人欣赏的价值。甚至于，人们意识到自己没有能力获得和享有那种价值。这会激发强烈的情绪，引发两种反应：一种是不知所措——变得更加烦恼，怀疑它无法被实现；另一种是仇视——不顾一切地贬损、嘲讽和蔑视那种价值及其所有者，以规避自我贬低和自我轻视。由于这两种反应相互矛盾，蒙羞的体验会导致一种典型的"认知失调"。它是非理性行为的温床，会促使人拒绝听取理性观点。此外，它也让人感到长期的焦虑和精神不安。

马克斯·舍勒预见到，在我们的时代，受到这种折磨的人数量众多。这种病症具有传染性，身处流动的现代消费社会，很少有人能够夸耀自己免疫于这种感染。舍勒说，在社会平等得到正式承认，政治和其他权利相对平等，但真正的权力、财富和教育却存在巨大差异的社会里，在一个人人都"有权利"将自己和其他人视为平等个体，但实际却无法实现这种平等的社会里，我们的脆

---

① 马克斯·舍勒（Max Scheler），德国哲学家，哲学人类学的主要代表人物和奠基人，主要著作有《爱的秩序》和《知识社会学问题》等。——译注

② Max Scheler, "Das Ressentiment im Aufbau der Moralen", in *Gesammelte Werke*, vol. 3, Bern, 1955; here quoted after the Polish edition, *Resentyment i Moralność*, Czytelnik, 1997, p.49.

弱是不可避免的(大概也是无药可救的)。①

在这样的社会中,脆弱也是普遍存在的。脆弱的普遍性,与"胜人一筹"诱惑的普遍性紧密相关,两者都反映出社会内部无法化解的矛盾:大部分社会成员无法达到为所有人设立的幸福标准,或者在过程中受到阻碍。

爱比克泰德②是古罗马时期的一位哲学家。虽然他出生时是一个奴隶,但通过自我修炼,他创立了一所学校,讲授斯多葛主义。他给出的一则建议或许适用于消费社会中的消费者。这则建议通俗易懂,运用的隐喻也能与他们的世界观产生共鸣(尽管与他们的倾向和偏好不太契合)。他的建议如下:

> 想象你的生活是一场盛宴,你应该表现得体。当菜肴传递到你手中时,拿适宜的量。如果你错过了一道菜肴,就享用盘中现有的食物。如果菜肴还没有传递过来,就耐心等待。
>
> 对待你的孩子、配偶、事业和财产,都要持有同样的礼貌、节制和感恩的态度。无须渴望、嫉妒或争抢。当时机到来,你自然会得到你应得的那一份。③

然而,问题在于,我们的消费社会竭尽所能,使爱比克泰德真

① Max Scheler, "Das Ressentiment im Aufbau der Moralen", in *Gesammelte Werke*, vol. 3, Bern, 1955; here quoted after the Polish edition, *Resentyment i Moralność*, Czytelnik, 1997, p.41.

② 爱比克泰德(Epictetus),古罗马新斯多葛主义哲学家。生为奴隶,得到释放后,师从莫索尼乌斯·鲁弗斯学习哲学。其学生阿利安对其讲学和思想加以编纂,著成《语录》(*Discourses*)和《手册》(*Enchiridion*)。——译注

③ Epictetus, *The Art of Living*, interpreted by Sharon Lebell, Harper One, 2007, p.22.

理中令人宽慰的承诺看上去与经验相悖。他建议的缄默、节制和慎重也因此变得不易被人接受。我们的消费社会还不遗余力，使爱比克泰德建议的实践变得费力。但是，社会能够降低人们做出某些选择的可能性，但没有任何一个社会曾经剥夺过，或能够剥夺人们选择的权利。

关于幸福，有什么我们能够自信说出而不会遭到反驳？可以说，幸福是一件好事，是被渴求和珍重的；或者说，和不幸福相比，幸福更好。这两句赘言，大概是我们可以理据充分、满怀自信地说出的有关幸福的全部。其他所有涉及"幸福"的话语，一定会引发争议。从旁观者的视角来看，一人之幸福和另一人之憎恶，很有可能是难以区分的。

然而，如果这就是在避免强烈反对的前提下可说的"全部"，那几乎等于什么都没有说。这只是一个辞书式定义，用它本身蕴含的意思来"解析"它。当人们把这个词用于某个特定情景时，争议性的观点会大量出现，而辞书式定义不能阻止、搁置或是平息这些争议。不仅其他人会困惑地看待或直接嘲讽将这个情景，而非那个情景冠以幸福之名的决定，决定者本人也会怀疑其决定是否合适、明智。回过头看，他们会疑惑地问："如果这就是我期望的幸福，它是否值得我为它付出必要的艰辛？"

伊曼纽尔·康德①终其一生为澄清模糊或有争议的概念而

① 伊曼纽尔·康德(Immanuel Kant)，德国古典哲学创始人，被认为是继苏格拉底、柏拉图和亚里士多德以来西方最具影响力的思想家之一。他提出了系统的哲学思想，以《纯粹理性批判》《实践理性批判》和《判断力批判》三部作品阐明了他的知识学、伦理学和美学思考。其中，《纯粹理性批判》标志着西方哲学研究从本体论转向认识论，是一部划时代的著作。——译注

奋斗，其成效也十分显著。他希望得到盖棺式的定义，无惧任何反驳，并最终为所有人接受。但在"幸福"这个词面前，康德束手无策。他表示："幸福概念捉摸不定，虽然每个人都希望获得幸福，但人们无法确定且始终一致地说出，他真正想要的是什么。"①我们可以补充一句：关于幸福，人们不能同时做到确定无疑和始终如一。人们越是确定无疑，始终如一的可能性就越小。这并不令人意外。确定地知道幸福应以何种形式出现，意味着把注意力集中于选中的模式，忽略或忘却其余。然而，当人们以牺牲其他一切的方式追逐一种模式时，随着其他可能性越来越多地夭折、遭到放弃和被忽视，任何一种选定的模式都会越看越可疑。诱惑随之到来：回到过去，或者反复摇摆……

如果我们采信柏拉图，那么苏格拉底早就宣称，对幸福的渴望是生活中的天然事实，它似乎是人存于世的永恒伴生物。然而，同样永恒的，还有"我心无悔"式满意的不可能性。当然，尽管总是遭受挫败，人却永不停止渴求幸福，而是竭力追求它、获得它，并且让它留存下来。

面对复杂的人之困境，亚里士多德的惯用策略是把问题拆解为更基础的要素。在《修辞学》中，亚里士多德列举了个人实现幸福生活必需的品质和成就。②他赞同幸福有多种定义：幸福是"兼具美德的富足"；是"生命之独立"；是"确保享受最大程度的快

① Immanuel Kant, *Grounding for the Metaphysics of Morals*, trans. James W. Ellington, Hackett, 1981, p.27.

② See Aristotle, *The Basic Works of Aristotle*, ed. Richard McKeon, Random House, 1941.

乐"；是"财产和身体保持良好状态，并拥有对其善加利用的能力"。接下来，亚里士多德又列出一张对幸福而言不可或缺的"内在"和"外在"物件的清单，无论人们选择何种幸福生活，这些物件都必不可少。在他看来，这张清单有经验性的根据，它包含所有雅典公民最有可能说出的愿望，例如清白的出身、众多的朋友、亲密的朋友、丰裕的财富、优秀的后代、围膝的子嗣、俊美的相貌、强健的身体、伟岸的身形、运动的体魄、良好的声誉、足够的运气、高尚的品德。在这张列表中的诸多价值之间，没有高下之分，幸福的所有要素都具有同等重要性。这意味着，一旦牺牲一种价值以换取另一种价值，幸福便会受到损害；一种要素的存在或者丰足，无法真正弥补另一种要素的缺失或者匮乏。这则建议与亚里士多德人生哲学十分契合。亚里士多德的人生哲学以怀疑任何激进、偏斜的选择而著称，他推崇温和、平衡的判断，将"中庸之道"作为复杂和无常现实中唯一正确和有效的策略。

现代读者大概会对亚里士多德的清单困惑不已，甚至感到无趣。清单中的某些物件，不是现代男女在谈及幸福时优先提及的。对于清单中的另一些物件，他们感到矛盾、犹疑。但这并不是最主要的问题。最令现代的幸福追求者感到疑惑的，是这样一个隐含前提：幸福是（可以是、应该是）一种状态，甚至可能是一种稳定、持续的状态，一旦实现便无法改变。一旦清单上的所有物件都已收入囊中，一旦确定能够长久地拥有这些物件，人们便可以指望（如亚里士多德暗示的）这些事物为其所有者日复一日地提供幸福，永久如此。这正是让现代人感到怪异，认为绝无可能发生的地方。此外，尽管概率极小，他们也会怀疑，这种永久稳定性会对人生幸福产生负面影响。

　　大多数现代读者会认为，拥有更多金钱，比金钱减少更有利于幸福；拥有许多亲密朋友，比只拥有零星或没有朋友更有利于幸福；身体健康，比疾病缠身更有利于幸福。但是，只有一小部分读者指望，今天让他们感到幸福的物件，会永远令他们迷恋，并给予他们快乐。少有人相信他能一劳永逸地抵达幸福之境，相信一旦获得幸福，即便不再付出努力，幸福也会终生持续。也就是说，人们意识到，即使"从今往后，一切都不变化，一切都维持现状"，一旦放缓追求幸福的脚步，幸福就会受损。

　　对于大多数现代人而言，"更多相同物件"的可能性本身不具备价值。只有附加上取消条款，它才变得有价值。在当时强烈的欣快和兴奋中，"更多相同物件"或许是诱人的。但是，大多数人并不期待欲望永久持续，或者希望欲求的对象永远保持不变。这个道理在其他领域也适用。克里斯托弗·马洛①笔下的浮士德在付出巨大代价之后认识到，如果希望片刻的幸福永远保持不变，一定会陷入无底的地狱，而不会带来恒久的幸福……

　　如果我们距离目标尚有一段距离，被欲望拉扯，被梦想拖拽，不断尝试，希望梦想成真，那么我们算是"在路上"。尽管需要考验耐心，令人精神紧绷，对于大多数现代人而言，"在路上"才是有价值的，而且价值珍稀。现代人大概率会赞同，"在路上"的反面，也就是停止，不会是幸福，而是无聊。在大部分人的眼中，无聊等

---

① 克里斯托弗·马洛（Christopher Marlowe），英国伊丽莎白时代剧作家、诗人和翻译家，因其无韵诗（blank verse）和悲剧作品闻名，其最著名的剧作是《浮士德博士的悲剧》。——译注

于极度的不幸,它是我们最不愿身处的那种境况的别名。如果幸福是一种状态,它只能是在不满足的刺激下产生的兴奋……

跨入现代之后,在寻求幸福者的实践和梦想中,"幸福状态"被改换为对幸福的追逐。自那以后,最大的幸福是排除万难、克服阻碍的满足感,不再是经过持久反抗和斗争之后获得的奖赏。达林·麦克马洪①曾对"西方"哲学和文化中有关幸福的漫长叙事做出详尽、深入的研究。②在谈到阿历克西·德·托克维尔③的观点时,他指出:在托克维尔游历的美国,随着已经取得的平等不断增加,对平等的渴望变得愈发难以满足;同样,随着幸福的物质痕迹增加,寻求幸福之人越发沉迷于对幸福永无止境的渴望和难以自制的追求。借托克维尔的话来说:"幸福永远都在退却,但不会从视线中消失,它的退却诱惑着人们继续去追求。每当人们认为将抓住它时,它总会从人们的指缝间溜走。"④

当追求幸福成为人思想和行动的首要动力,无论喜忧,它都预示着一场真正的文化、社会和经济革命的到来。在文化方面,它预兆、标志或伴随着从遵循惯例到持续创新的转变;从"历来如

---

① 达林·麦克马洪(Darrin McMahon),美国历史学家,目前任教于达特茅斯大学历史系,著有《启蒙运动的敌人》(*Enemies of the Enlightenment:The French Counter-Enlightenment and the Making of Modernity*)和《幸福的历史》(*Happiness:A History*)等作品。——译注
② Darrin McMahon, *The Pursuit of Happiness:A History from the Greeks to the Present*,Allen Lane,2006,pp.337ff.
③ 阿历克西·德·托克维尔(Alexis de Tocqueville),法国思想家、政治家和外交家,因《论美国的民主》和《旧制度与大革命》等著作而闻名。——译注
④ Alexis de Tocqueville,*Democracy in America*,trans. George Lawrence,Harper,1988,vol.2,p.538.

此"或"一直拥有"的再生产与维持到"尚未出现"或"从未拥有"的
创造和占有的转变;从"迫使"到"吸引"的转变;从需要到欲望的
转变;从原因到目的的转变。在社会方面,它与从传统至上到"一
切坚固的东西都烟消云散,一切神圣的东西都遭亵渎"的变化相
吻合。在经济方面,它触发从满足需求到生产欲望的转变。如果
说作为思想和行为动机的"幸福状态"本质上是一种保守的、具有
稳定作用的因素,那么"追求幸福"便是一股强大的颠覆性力量。
无论是对于人际关系网络和社会环境,还是对于人的自我认同的
努力,它毫无疑问都是极为有效的抗凝剂。或许,我们可以将其
视为导致现代性从"固态"到"液态"转变的因果关系群中最主要
的心理因素。

　　当"追求幸福"被抬升到权利、义务和人生至高目的的高度,
托克维尔认为,这会对人的心理产生如下影响:

> 　　他们(美国人)靠近它的程度,足以看到其魅力所在,但
> 还没能享受其中。在完全体会到它的欢愉之前,他们已经撒
> 手人寰……(这)就是为什么,虽然民主国家中的居民生活在
> 富足之中,但总为一种奇异的忧郁所扰;虽然他们的生活环
> 境平和舒适,有时却会感到对生活的厌恶。①

　　先贤早在"普遍追求幸福"的时代到来之前,就猜测或预料到

---

① Alexis de Tocqueville, *Democracy in America*, trans. George Lawrence, Harper,
1988, vol.2, p.538.

了这个困境。他们尝试解释这个明显的悖谬,并热心地向追求幸福者指明一条避开陷阱的道路。在《论幸福生活》中,卢修斯·阿内乌斯·塞涅卡①指出:

> 至善是不朽的,它不会消逝,既无过度也无悔恨。高尚的心灵从不在下定决心后犹豫;从不自我鄙夷;从不改变它最适宜的生活之道。感官的享乐却决然相反:它在极盛的时刻消退。感官享乐的容量有限,所以它很快盈满,快乐转变为厌烦,最初的活力会转变为沉闷和怠惰。②

为了清晰易懂,塞涅卡应该反转第一句话的逻辑顺序:不该说至善之物都不朽,而应该说不朽之物——正因其不朽性和对时间侵蚀的抵抗——应当被视为至善。无论塞涅卡的劝诫具有多少说服力,它都来自人们普遍而执拗的梦想,即妨碍、阻滞、减缓并最终停止时间的流动,剥夺时间的侵蚀之力。它也来自凡人对无限长寿的贪婪渴望。人在品尝过"知识之树"的果实后,就再也不能忘记他的必死性。因此,他无法停止渴求另一枚果实,即"生命之树"

---

① 卢修斯·阿内乌斯·塞涅卡(Lucius Anneus Seneca),古罗马斯多葛主义哲学家、剧作家和政治家,曾担任尼禄的顾问一职,后遭其刺死,著有《对话录》《论怜悯》和《论恩惠》等作品。——译注

② 此处转译自齐斯克(Zysk i S-ka)于 1996 年翻译出版的波兰语译本。约翰·戴维(John Davie)于 2007 年翻译出版了另一个英语译本,详见 *Seneca: Dialogues and Essays*, Oxford University Press, 2007, p.91:"最高的善不受死亡之扰。它无有终结,从不容忍过度或悔恨;这是因为,正直的心灵从不偏离自身的方向,也不屈从于自我厌恶,更不改变自身的完美。但是,享乐在它播撒欢愉的时刻便会寂灭;它所居空间极小,因此迅速地盈满、变得倦怠和沉闷。"

的果实。这枚诱人的魔力之果残忍地、不容辩解地将他拒之门外。

到目前为止,在对人之幸福的思考中,"因为恒久所以值得"和"因为短暂所以虚幻"之间的差别和鸿沟从未缺席过。和世界不受搅扰的永恒相比,个体在世间的身体性存在显得渺小、卑微、无足轻重。虚无,成为2 000多年以来困扰哲学家(和短暂陷入哲学思考的非哲学家)的问题。在中世纪,这个问题被擢升为人的至高目的和最紧要的关切。人们借助它来推崇精神层面的价值,贬低肉体的享乐,并利用它解释(并驱散)短暂尘世存在的疼痛和苦难。人们将其视为来世无尽极乐的序章,是必要因此无需抗拒的。随着现代到来,它也以崭新的面貌回归:个体的利益和关切是无益的,与"社会整体"——民族、国家、事业等利益相比,是转瞬即逝、游移不定的。

现代社会学创始人之一的埃米尔·涂尔干[①]针对个体必死性构建了世俗化的新回应。他努力将"社会"嵌入、安放在上帝和自然(作为上帝创造物或化身)腾出的空间,从而赋予新生的民族国家声明、宣布和执行道德戒律的权力,并要求国民向民族国家献上至高的忠诚。在过去,这个权力仅限于宇宙之主和他指定的尘世代理人[②]所有。涂尔干对自己的目的了然于心:"长久以来,

① 埃米尔·涂尔干(Émile Durkheim),法国社会学家和人类学家,与卡尔·马克思、马克斯·韦伯并称为社会学的三大奠基人,著有《社会分工论》和《自杀论》等作品。——译注

② 此处原文直译为"受膏的副手",受膏,即用芬芳的油、奶、水等物品涂抹或倾倒,标志着受膏的对象被注入了神力,或摆脱了魔鬼和病痛,是许多宗教和种族所采用的仪式。基督教认为,耶稣直接为圣灵所膏,基督一词的希腊语源"christos"便意为"受膏者"。——译注

宗教动机都是最重要的道德观念载体,我们必须为之寻找理性的替代物。"①在涂尔干的劝告中,人应当寻求的真正幸福,从爱上帝和顺从教会,转变为爱国家和遵守民族国家的规训。但无论是前者还是后者,理由是相同的:永恒高于暂时。

> 如果我们努力的成果不能长久,它毫无价值,我们为何为了徒劳之事而奋斗? ……个人的快乐如此空虚和短暂,它有何价值? ……
>
> 个人服从社会,这种服从是他获得解放的条件。因为人的自由意味着从盲目、无思想的物质力量中解放出来,他凭借社会强大而智慧的力量做到这一点。社会是他的庇护所。当他寻求社会的保护,他在一定程度上便依赖于社会。但是,这是一种解放性依赖。②

这个论证过程迥然相异于奥威尔式双重思想③。社会力图取代上帝和教会的地位。人无条件地臣服于社会以及它任命或自我指派的代言人的严苛要求,一如过去人服从上帝的戒律和作为守卫者的教会。涂尔干认为,人这个行动是一种解放:将永恒从暂时的禁锢中解放出来,将精神从肉体的囚牢中解放出来。简而言之,将真正的价值从它的虚假替代物中解救出来。

---

① Émile Durkheim, *Selected Writings*, trans. Anthony Giddens, Cambridge University Press, 1972, p.110.

② Ibid., pp.94, 115.

③ "双重思想"(doublethink)是奥威尔在《一九八四》中提出的一个概念,指的是人不惜否认现实和篡改记忆,来强迫自己接受两个互相矛盾的观点。——译注

　　另一方面,塞涅卡的救济之道主要关注自足和自主,是彻底和坚决的个人主义。它既不仰赖上帝的全知,也不依靠至高的理性、社会的全能。相反,它凭借的是"高尚的心灵",是个人的理智、意愿和决心,是个体能独立掌控的力量和资源。它呼吁人们独自面对人的悲惨境遇,拒绝和避免用拙劣的、欺骗性的方法转移视线,忽视惨淡的真相,并追求短暂易逝的享乐——这种做法能让他们在追求过程中忘却真相,但仅仅限于片刻。或许这就是伊壁鸠鲁所言之本意。塞涅卡满怀赞许地引述:"如果你依照自然塑造你的生活,贫穷就永远不会降临;如果你依照他人意见塑造你的生活,财富就永远不会降临"。①塞涅卡评论说:"面对传闻时,认为广受赞同即是最好的,面对那么多好东西可以追随时,遵循模仿而不是理性的原则,这会为我们招致极大的麻烦。"他告诫道:"天然的欲望是有度的,虚妄意见带来的欲望却没有止境,因为虚妄没有终点。"塞涅卡认为,"人群"是"尤其应当躲避"的事物,因为"我们所交往的人越多,危险就越大"。"对人的品格最有害的是花时间坐着观看表演,因为恶习会经由娱乐这个媒介轻易地潜入人心。"②简而言之,要避开人群,避开庸众;听从内心,听从哲学——你能够获得和独自掌握的智慧。塞涅卡说,短暂寄居尘世的人与永恒存在的上帝平等。在某些方面,人甚至优于上帝:天性保护上帝免受恐惧;一个人也能免受恐惧,但他必须凭借自身的智慧做到这一点。

----

① See Seneca, *Epistulae Morales ad Lucilium*, trans. by Robin Campbell as *Letters from a Stoic*, Penguin, 2004, p.65.

② Seneca: *Dialogues and Essays*, pp.41, 85.

　　问题在于，人类无法抵达永恒。在痛苦地意识到这一点，并发觉推翻命运判决的希望渺茫后，人试图用脆弱、短暂的快乐扼杀他的悲剧性智慧。这显然是一种错误的估计。因为人无法彻底驱除悲剧性智慧，无论手握多少物质财富，人将自己陷入永恒的精神贫困，继而是永远的不幸（人的不幸福来自心①）。人并没有在困境之内寻找通往幸福的道路，而是绕了很远的弯路，希望在途中能够逃避或戏弄讨厌的命运。他将复归绝望，尽管当初正是绝望促使他踏上寻求幸福之旅。在这场旅途中，人唯一的发现是：他所选取的不过是一条弯路，早晚都会把他带回起点。

　　　　无论我们是否被无法改变的命运铁律钳制，无论作为宇宙之主的上帝是否提前规定了一切，无论人间事务是否受到命运的肆意捉弄，哲学会承担起保护我们的义务。她会引导我们满怀欣喜地服从上帝，鼓励我们无畏地反抗命运；她会告诉你如何跟随上帝，如何聆听命运发出的讯息。②

　　虚妄，虚妄，一切皆是虚妄。塞涅卡似乎在强调这点，在自己未察觉的情况下重复前人用《传道书》（Ecclesiastes）③传达的要义：莫要向虚妄之事致以其不应得的关注、尊重和崇拜。马可·

①　Seneca：*Dialogues and Essays*，p.134.
②　Ibid.，p.64.
③　《传道书》是旧约圣经诗歌智慧书的第四卷，其成书时间不早于公元前十世纪，内容主要教导人遵从上帝的诫命，在吃、喝、劳作等简单的快乐中过好尘世生活。——译注

奥勒留①与塞涅卡同为斯多葛派哲学家，是塞涅卡的后继者。他也赞同这个观点并告诫读者："你应当站直，而不是被牵着走。"他解释道：

> 万物飞速消逝，我们的躯体从物质世界中消亡，对它们的回忆也从时间中遗落；感官对象，尤其是那以快乐引诱我们、以痛苦恐吓我们、以虚荣取悦我们的事物，是如此廉价、卑劣、虚假、易逝、毫无生气……
> 　　属于身体的一切如河流般逝去，属于精神的只是梦幻泡影……到底有什么能够伴我们前行？只有一样：哲学。②

马可·奥勒留建议远离浮华喧嚣，远离所有卑劣之物，因为它们是廉价的、易逝的，因为"从高处俯瞰尘世之物"，它们是渺小的。③如果你这般行事，就能抵御那些不会，也不能兑现幸福之诺言的诱惑，就能抵抗屈从的冲动——它将以失败告终。

> 你在经历过后发现，你徘徊许久也未能找到一种美好生活。它不在逻辑中，不在财富中，不在荣誉中，不在享乐中。那么，美好生活究竟在何处？在于依照人的本性要求行

---

① 马可·奥勒留（Marcus Aurelius），罗马帝国五贤帝时代最后一位皇帝，有"哲学家皇帝"的美誉，因其著作《沉思录》而闻名于世。——译注
② Marcus Aurelius, *Meditations*, trans. Martin Hammond, Penguin, 2006，pp. 13，15，19.
③ Ibid., p.65.

事……并用原则去约束他的冲动和行为。①

所谓原则又应当是哪些？马可·奥勒留指出了其中一部分，包括：正直、尊严、勤劳、克己、知足、节俭、仁慈、独立、朴素、谨慎、宽容。所有人都可以展现出它们，"不以缺乏天赋或缺少才能为借口"。"谨记，指引你的思想内敛，以至于自给自足，心灵就无坚不摧……不受激情搅扰的心灵是一座堡垒，是人最可靠的庇护之所。"②用今天的话来说，马可·奥勒留认为，个人的品格和良知是追寻幸福者的终极归依。在其他地方都注定灭亡的幸福梦想，在这里却不会遭到挫败。马可·奥勒留开出的幸福良方是自给自足、自我参照，最终是自我制约。看清错误的道路，避开它们，接受天性所规定的、不会退让的界限。激情，漂移不定、缺乏限制，会将你引入歧途。所幸，你仍有思想这个强大的武器，让激情失去效力。幸福生活的秘密在于束缚激情，并放飞思想。

几百年之后，布莱兹·帕斯卡尔③似乎把塞涅卡和马可·奥勒留的要义混合在一起，提炼出二者共有的精髓：

我不在空间中寻求人之尊严，而是到思想的秩序中去寻求。拥有土地于我而言毫无益处。宇宙凭借空间将我把握，

---

① Marcus Aurelius, *Meditations*, trans. Martin Hammond, Penguin, 2006, p.71.

② Ibid., pp.36, 80.

③ 布莱兹·帕斯卡尔(Blaise Pascal)，17世纪法国神学家、哲学家、数学家和物理学家，因其名言"人是一根会思考的芦苇"而被后世铭记。——译注

像吞没一粒灰尘那样吞没我；凭借思想，我则把握了宇宙。①

帕斯卡尔随即补充道，绝大多数人会与这则忠告背道而行。他们在其他地方、在幸福不可能存在的地方寻求幸福。"人之不幸的唯一原因，"帕斯卡尔用一句令人难忘的话总结道："是他不懂得如何在房间里静居。"离开房间、四处奔跑，只是一种"不去思考自身"的方式。②当你奔跑时，你没有思考的余地。只要继续奔跑，审视自我的辛苦任务也就可以搁置，永远地、无限期地搁置下去。只要你还有足够的力气不离开跑道，它就无法近你之身。如我们所知，大多数跑道都是封闭的圆环，没有目的地可言。跑道存在的意义是让你不停地绕圈。人们选择了一款追求幸福的游戏，它的名字是奔跑，而不是抵达。这个错误的选择，会让他们遭受醒悟时的痛苦。

> 有一个人为了摆脱无趣生活，每天都拿一笔小钱去赌博。若每天给他当日能赢得的钱，要求他不去赌博，他会感到不幸福。可以说，他想要的是游戏的快乐，而不是金钱的快乐……
>
> 他必定感受到了兴奋，他必须欺骗自己，赢得金钱会让他感到幸福，而以放弃赌博为条件的赠与则不会。③

----

① Pascal, *Pensées*, trans. A. J. Krailsheimer, Penguin, 1968, p.59.
② Ibid., pp.67, 69.
③ Ibid., p.70.

帕斯卡尔认为，人的困境在于思及宇宙之无穷时便要面对自身的无足轻重，人们不愿内观，而是选择不停逃避，妄想避免与困境正面交锋。他谴责和批评这种做法。他说，人有一种宁愿四处奔忙、不愿停在原地的病态倾向，所有的不幸都应归咎于此。

但是，人们可以提出反对，帕斯卡尔不是让我们在幸福和不幸福之间做选择，而是在两种不幸福之间做选择：无论奔跑还是停留原地，我们都注定不幸。不断前行的唯一（假定的、误导性的）好处是我们暂缓了面对真相。许多人会赞同，这的确是走出房门，而不是静待屋中的一项优势，也是人难以抵御的诱惑。在这个诱惑面前，人们会选择屈从，任凭自己被吸引和诱骗。如此一来，他们便能被所谓的"自由选择"和"自我伸张"障目，无视促使他们逃避的冲动和嗜好。然而，他们终将不可避免地去渴求那些自己曾经拥有，却出于践行和承担责任的痛苦，被自己丢弃的品质……

因此，哲学家们坚持道，为了抵抗这种诱惑并拒绝屈服于它，需要拥有高尚的心灵、扎实的知识和坚强的性格（有时需要钢铁般的意志）等独特、罕见的品质。

在帕斯卡尔之后，又经过了几个世纪，马克斯·舍勒在《爱的秩序》(*Ordo Amoris*)中声称，"心应被称作人的内核，作为精神存在的人远不只有知识和意愿"。[①]此处的"心"意味着在吸引和排斥这两种情感间做选择，也就是在爱和恨之间的选择。

[①]　参见 Max Scheler，"Ordo amoris"，in *Schriften aus dem Nachlass*，I：*Zur Ethik und Erkenntnislehre*，Franke Verlag，1927；此处引自 David R. Lachterman 的译本，*Selected Philosophical Essays*，Northwestern University Press，1973，pp.100-101。

人生路途遭遇的事物，客观存在的事物，对意愿及随后行动产生阻抗的事物，从一开始就受到人特有的选择性机制——爱的秩序的审察和注视……他实际上注意到什么，观察什么，忽略什么，是由这种吸引和排斥所决定的。

舍勒说，男人①在成为思考的存在者（ens cogitans）或意欲的存在者（ens volens）之前，首先是爱的存在者（ens amans）。"心"只听从它自己在生活过程中制定的规则，而对其他所有规矩都置之不理或激烈反抗。就这种自我主义而言，心和理性相仿，理性也固执地抗拒着对其他逻辑的借鉴。舍勒向帕斯卡尔致意：心"有它自己的理由"，是理性"无法理解，也永远不可知的"②——因为"心"的理由不是"客观的决定性"和"真正的必然性"，即理性的主场和为它专有、受它严密守卫的领域，而是"自诩的"理由——动机和愿望。它们与理性能考察的理由截然不同，虽然两者"一样缜密、独立和不容亵渎"。当理性试图把握"心"的行事逻辑时会遭受挫折，当其试图改变"心"的行进方向时更会显得无能为力。

"心"依照自己的理由构造价值世界。价值，究其本质，总是未完成的，总是有几分领先：存在于此时此地的事物都不能完全容纳价值。因此，一旦倾向于价值的"心"直面现存事物的状况

---

① 还有女人，对舍勒而言人即男性是不言自明的，但按照当今政治正确的用法，需要对此作出补充说明。

② 参见 Max Scheler，"Ordo amoris"，in *Schriften aus dem Nachlass*，I：*Zur Ethik und Erkenntnislehre*，Franke Verlag，1927；此处引自 David R. Lachterman 的译本，*Selected Philosophical Essays*，Northwestern University Press，1973，p.117。

时，就不允许人坐在舒适的椅子上自我满足，静静坐着或站立不动。舍勒说："爱在爱慕着，在爱慕中的爱总是不满足于它已经拥有的事物"。①激发了爱的冲动或许会趋于平息，爱本身却永不疲倦。基于价值的爱、欲望、贪恋关注尚不存在的事物，它们的对象在未来之中，而未来是绝对的他物，感官无法触及，无法审视，让所有经验性检验失效，更无法被计算。对于具有这些特质的对象，理性无话可说。在价值入场之后，理性欣然承认了失败。为了解释自己的后撤，它声称，所有与偏好相关的讨论都在它的领域之外，因此不屑与之争锋。品味不具备争辩的基础。理性承认它无计可施，承认价值既不是来源于事实，也不能为事实所证实或反驳。价值没有对手，既不会遭到反对，也不会得到支持。但现在的一切都取决于价值。诚然，爱不会面临竭尽的危险，但它也没有休息的可能。它跌跌撞撞地从一场开局奔向下一场开局，既不知如何收场，也无法确定开局会带来幸运还是不幸。

舍勒指出："当我们去观察一个人完整的一生，或是漫长数年间的一连串事件，我们的确会觉得，每一个单独的事件完全是偶然的。但是，事件之间的关联会如实反映出这个人的内核，无论在整体的每个部分发生之前，这种关联是多么难以预见。"②这句话的用意十分明显：最终一切皆取决于人的性格。我们都知道自己拥有性格，但无论经过多少岁月，都无法明确它的特征（任何推

---

① 参见 Max Scheler，"Ordo amoris"，in *Schriften aus dem Nachlass*，I：*Zur Ethik und Erkenntnislehre*，Franke Verlag，1927；此处引自 David R. Lachterman 的译本，*Selected Philosophical Essays*，Northwestern University Press，1973，p.113。

② Ibid.，p.102.

断都是自欺欺人)。个人的命运不是他或她的宿命。我们仿效臭名昭著的本丢·彼拉多[①]，将命运称作"宿命"，是为了撇清自己的责任，表明"非我所为"。但事实上，命运是在生活过程中被塑造的。个体的生活在很大程度上是如此，人类的生活则完全如此。无论是否知情，包括你和我在内的所有人都单独，或以群体为单位，或作为一个整体塑造着命运。只有当我们耗尽了塑造命运所必需的资源和意愿之时，命运才会转变为"宿命"。

　　简而言之，我们倾向于把个人命运归咎于客观宿命，这并不是因为我们的选择对生活轨迹毫无影响，而是因为在造成影响的当时，我们没有(也无法充分)觉察到我们造成了或即将造成怎样的影响。换句话说，我们的确造成了某种影响，但不能确定它究竟是什么。我们的所为或不为都将产生影响，对此，我们无能为力。我们只能希望并尽力提前了解我们可能造成怎样的影响。我们确实在努力，但并非竭尽所能。究竟是什么在阻碍着我们？

　　阻碍因素之一是爱的秩序的本质：它所提供的幸福是有代价的。代价往往是某种妥协，但有时也是得不到回报、单方面的牺牲，用埃里希·弗洛姆[②]的精练表达来说："爱首先是给予，而不是索取"。[③]无论付出哪种代价，都可能限制幸福的程度和强度，

---

① 本丢·彼拉多(Pontius Pilate)，拉丁语名为马库斯·庞提乌斯·彼拉图斯(Marcus Pontius Pilatius)，罗马帝国犹太行省的第五任罗马长官，其著名事迹是判处耶稣钉十字架之刑。在《马太福音》中，记载了彼拉多洗手以示不负处死耶稣的责任。——译注

② 埃里希·弗洛姆(Erich Fromm)，法兰克福学派成员，人本主义哲学家和精神分析心理学家，其著名作品有《逃避自由》和《爱的艺术》等。——译注

③ Erich Fromm, *The Art of Loving*, Thorsons, 1995, p.18.

并不是所有人在任何时候都欣然接受这种前景。如果说爱的本质是一种倾向，即与爱的对象（某个人、某群人、某项事业）一起奋斗，提供协助，呐喊助威，并送出祝福，那么，"去爱"意味着准备好为所爱的对象放弃自我关注，让自身幸福成为所爱对象幸福的倒影和副产品，也就是（在两千年后重复卢坎①之言）成为"宿命的俘虏"。凭借爱，我们设法将宿命重塑为命运。当我们遵从爱的要求，即爱的秩序的逻辑时，我们的命运又成为宿命的俘虏。这两种看似矛盾的倾向，实际上是一对连体儿，无法与彼此分离。

这就是为什么当今的人们既渴望爱，也畏惧爱。也是出于这个原因，（对另一个个体、群体或事业的）承诺，尤其是无条件、无限期的承诺，不再受到人们的追捧。承诺的消失对于放任它消失的人是不利的。因为，爱、舍弃自我和对他者的承诺，创造了唯一的空间，在那里，命运和宿命错综复杂的辩证关系可以被认真对待。

但是，随着现有的幸福秘诀把"胜人一筹"奉为指导，个人"渴望感到兴奋，不再愿意迎合他人，屈就自己"。乌尔里希·贝克（Ulrich Beck）和伊丽莎白·贝克-格恩斯海姆（Elisabeth Beck-Gernsheim）问道："两个想要获得平等和自由的个体该如何寻找共同点，来培育他们的爱？""另一个人又该如何避免成为额外的负担或是混乱的因素？"②这两个问题具有反诘的意味，在回答之

---

① 卢坎（Marcus Annaeus Lucanus），罗马诗人，以描述凯撒和庞培之战的史诗作品《法沙利亚》（*Pharsalia*）而闻名。——译注
② Ulrich Beck and Elisabeth Beck-Gernsheim, *The Normal Chaos of Love*, trans. Mark Ritter and Jane Wiebel, Polity, 1995, pp.3, 13, 53.

前,答案已然清楚。"胜人一筹"在两位作者的说法中是"我是最重要的一个:是我,你只是我的副手,就算不是你,也可以是其他人"。①这与伴侣关系、爱不能轻易地画上等号,尤其是当人们已经对爱渴盼了许久,期待爱驱逐孤独的幽灵,成为抵御海浪侵袭的防波堤。正如埃伦赖希和英格利希所说,

> 在后浪漫的世界里,旧的纽带不再有约束力,重要的只有你:你可以成为你想要成为的人;你选择你的生活、环境,甚至是你的外貌和情绪……旧的保护和依附的等级不复存在,余下的只有能自由终止的契约。在很久之前,市场扩张至所有生产关系;如今,所有的关系都成为市场的一部分。②

吉尔·利波维茨基在 1983 年出版了现代个人主义的奠基性著作。③1993 年,他在那本著作的后记中宣称:"牺牲文化已死","我们不再能意识到,自己有义务为自身之外的事物而活。"④

我们没有对他人的不幸和地球的糟糕境况充耳不闻,没有停止直言不讳我们的忧虑。我们没有停止声明保护受压迫者,以及他们和我们共有的星球的意愿,也没有放弃为此(至少偶尔地)付

---

① Ulrich Beck and Elisabeth Beck-Gernsheim, *The Normal Chaos of Love*, trans. Mark Ritter and Jane Wiebel, Polity, 1995, p.12.
② B. Ehrenreich and D. English, *For Her Own Good*, Knopf, 1979, p.276.
③ 吉尔·利波维茨基(Gilles Lipovetsky),法国当代哲学家、社会学家,主要研究 20 世纪后期的现代社会。这本关于现代个人主义的著作指的是《空虚时代:论当代个人主义》,他还著有《轻文明》和《责任的落寞》等。——译注
④ Gilles Lipovetsky, *L'ère du vide. Essais sur l'individualisme contemporain*, Gallimard, 1993, pp.327-328.

出行动。现实似乎正好相反：一边是利己主义的自我指涉①精神的高扬；另一边，人们对人类苦难愈发敏感，痛恨发生在最遥远的陌生人身上的暴力、伤害和磨难，并且每隔一段时间会爆发性、集中性（补救性）实践慈善。这两种相悖的现象同时存在。利波维茨基准确无误地指出，这样的道德冲动和爆发性慈善体现的是"无痛道德"（painless morality），也就是剥除了义务、"适应自我优先原则"的道德。当"为了自己之外的目的"行动时，自我的激情、福祉和健康才是最初和最后的考量，也为我们准备付出的帮助划定了上限。

　　一般来说，无论对"我之外事物（或他人）"的奉献多么真诚、殷切和强烈，它都无法达到自我牺牲的程度。比如，为环保事业做出的奉献很少甚至从来不会上升到禁欲主义生活的高度，人们就连部分的自我否定都无法做到。的确，我们远未准备好放弃消费主义享乐，就连个人生活中的些许不便都不愿意忍受。我们愤慨的驱动力，往往是希望享受到更优越、安全和可靠的消费。利波维茨基总结道："好战的、英勇的、道德化的个人主义，让位于享乐的、心理上的自由选择式个人主义"，它"将个人成就视为存在的主要目的"。②我们似乎不再觉得，在这个星球上，有某种任务或使命需要完成；作为这颗星球的监护人，我们显然也不觉得，它留下了任何我们有义务去保护的遗产。

---

① 自我指涉（self-reference）是一个逻辑学的概念。通俗来说，一个东西在描述自己，这就叫做自我指涉。——译注

② Ulrich Beck and Elisabeth Beck-Gernsheim, *The Normal Chaos of Love*，trans. Mark Ritter and Jane Wiebel，Polity，1995，p.316.

对世界如何运转的关注，转变为对自我管理的关注。我们所忧虑和关心的，不再是世界及其栖居者的境况，而是世界中的暴行、愚蠢和不公正带来的精神不适和心理眩晕。按照最早发现并阐明这种现象的克里斯托弗·拉什①的说法，这或许是"把集体性不满转化为易于治疗的个人问题"的结果。②拉什给这样的"新型自恋者"取了一个令人印象深刻的名字，"心理人"（psychological men）。"心理人"只能通过个人问题的棱镜去观察、审视和评估世界状况，他们"不是被内疚而是被焦虑困扰"。在记录他们的"内在"体验时，他们"不是为了提供对现实的客观描述，而是为了吸引他人"，获得"他人的关注、赞扬或同情"，以支撑他们摇摇欲坠的自我意识。个人生活变得像市场一样好战，充满压力。鸡尾酒会"把社交活动变为社交战争"。③

人们渴求社会地位上的安全感，它能带来自信和自尊。除了个人拥有、取得的财产之外，只有很少的事物能够成为这种安全感的基础。因此，毫不奇怪，让·克劳德·考夫曼说，被认可的需要"溢满社会"。"所有人都盼望着得到嘉许和欣赏，或在他人眼中看到爱意。"④但需注意，建立在"嘉许和欣赏"之上的自尊是格外脆弱的。我们都知道，视线会游移，落在何处，滑过哪里，从来无法预测。因此，吸引关注的冲动永远都不会停止。昨日的认可和赞赏，经过今日警醒的省察，会变为明日的谴责和嘲讽。认可

---

① 克里斯托弗·拉什（Christopher Lasch），美国历史学家、社会心理学家，著有《自恋主义文化》《最小的自我》和《从 1889 到 1963 的美国新激进主义》等。——译注
② Christopher Lasch, *Culture of Narcissism*, Warner Books, 1979, p.43.
③ Ibid., pp.22, 55, 126.
④ Jean-Claude Kaufmann, *L'invention de soi*, Armand Colin, 2004, p.188.

就像是"追逐彩票"游戏里的兔子，永远都被猎狗追逐，但永远不会落入其口。

众所周知，未来无法描述，也无法预知。尽管我们总是相信过去能够提供指引，但这只是误导和谎言。过去的"遗产"，只是未来再生产的原料。汉娜·阿伦特①指出，没有证据表明什么属于过去，什么属于未来，我们所说的"遗产"或"传承"，只不过是把过去交给命运摆布。②③过去是未来的人质。无论多么频繁、积极地协商其解救，也无论支付多么高昂的赎金，过去注定永远是未来的人质。奥威尔有一句名言："谁掌控了过去，谁就能掌控未来；谁掌控了现在，谁就能掌控过去。"极权主义"真理部"④的野心和实践是这句话的灵感之源。在后者被过去的尘土掩埋后（当代许多人已经将其遗忘），这句话仍然流行，并被采信。问题是，如今很少有人能夸口说自己掌控现在并使人信服，真正能掌控现在的人更是寥寥无几。

现在与过去之间、现在与未来之间的联系都被切断。过去不再是权威、值得信任的指引，而未来对现在的命令和祭献也不予

---

① 汉娜·阿伦特（Hannah Arendt），20世纪最重要的政治理论家之一，提出了广为人知的"恶的平庸性"（banality of evil），其主要著作有《极权主义的起源》《人的境况》和《艾希曼在耶路撒冷》等。——译注

② Hannah Arendt, *La crise de la culture*, Gallimard, 1972, p.14.

③ 这篇名为"文化的危机：社会的和政治的意义"的文章收录于《过去与未来之间》。在文章中，阿伦特将文化与历史记忆紧密关联起来，认为"文化"一词除"呵护自然"之外，也意味着对历史的照管。然而，大众文化颠覆了这一传统，把文化转变为了娱乐，摧毁了文化物作为过去的遗产和见证的历史永恒性。"把过去交给命运摆布"，意味着所谓遗产和传承已经沦为了权力或利益集团的工具。——译注

④ 真理部是奥威尔小说《1984》中的一个部门，负责根据时局的需要篡改过去的记录。——译注

理会,以现在对待过去的态度漠然置之。世界似乎永久地处在一种"生成状态"①(in statu nascendi)。沿着何种路径生成永远悬而未决,生成的方向也总是任意地发生偏转(或游移),不再遵循不久前被冠以"历史规律"之名的、隐秘但仍可以猜测的秩序。

哲学家马丁·海德格尔②认为,当出现"问题",也就是当事物遭到破坏、不依照我们习以为常的方式运行或"一反常态"时,我们关于这个世界是什么、会发生什么的隐性假设就会受到挑战。在这时,我们会注意到事物,意识到它们的存在,让它们成为关注的焦点和针对性行动的目标。

可以说,在海德格尔看来,知识的来源和行动的动力是失望。历史学家巴林顿·摩尔③指出,过去的人们拿起武器反抗,不是为了赢得"正义",而是为了打败"非正义"。所谓"非正义"是指扰乱生活的事件。原本的生活是规律和惯常的,几乎无法为人们所觉察,既不会对人们造成伤害,也不会让他们感到痛苦。他们只能把"正义"视为一种否认、拒绝、废除、平衡或修复"非正义"的举动。大多数时候,对正义的要求是一种对保守的呼唤,是回望某种丧失或认为已丧失的东西;是一种复原被强行("非正义地""不公正地")夺走东西的冲动,试图回到令人讨厌但熟悉、习惯的

①　生成状态(in statu nascendi),拉丁短语,指事物刚刚形成或产生时的状态。——译注

②　马丁·海德格尔(Martin Heidegger),德国哲学家,存在主义哲学的创始人和主要人物之一,代表作有《存在与时间》《形而上学导论》等。

③　巴林顿·摩尔(Barrington Moore Jr.),美国历史学家、社会学家和比较政治学家,主要著有《民主和专制的社会起源》《不公:顺从和反抗的社会基础》及《资本主义与社会主义下的权威与不平等》等。——译注

"正常"。

　　简而言之，熟悉的环境不一定让人们感到幸福，但熟悉的环境设定了正常或自然的标准，因此是不能动摇和无法逃避的。通常来说，陌生的、偏离标准和常态的、非自然的事物，会让人们感到愤慨、震惊，促使人们抗议并拿起武器。一旦有陌生的事物介入，熟悉的事物就成为（后见之明的）幸福的化身。也就是说，当熟悉的事物受到攻讦时，人们就会认为它就是幸福本身。比如，封建农奴一周 6 天在领主的田地间劳作，他们不会觉得自己是幸福的；若领主在惯常的要求之上多加一个小时，农奴就会意识到，一周劳作 6 天的日子是多么幸福。幸福被否决会导致农奴愤怒地反抗。近来，人们普遍注意到，由于雇用类型不同造成的工资水平上的巨大不平等，总体上被收入水平偏低的群体平静接受。但是，当这些人的工资落后于先前与自己工资水平相当的人时，他们会感受到被剥夺，认为自己的幸福权利遭到了否认，这会促使他们反抗、罢工。剥夺被视为一种非正义行为，为了幸福，迫切地需要得到补救。剥夺具有相对多样化的规则。

　　现在和过去一样，被剥夺代表着不幸。除了可能带来物质困苦，还会因为发现自身是剥夺的对象而引发失落和羞愧，严重挫伤自尊，威胁社会认同。现在与过去一样，被剥夺也总是相对的。若要感受到被剥夺，就需要有一个用来衡量个人境况的标准。一个人可能会因为无法达到过去享受的生活标准，所以感受到被剥夺，或者因为过去与自己差不多的人突飞猛进，自己变得相对落后，所以感受到被剥夺。太阳之下无新事。只有标准是新的，会带来被剥夺的体验，并为追求幸福注入更多的紧迫感和活力。

　　海德格尔和巴林顿·摩尔发现的规则拥有自己适用的世界，一个"正常"和"非正常"可以整齐区分的世界。这里的"正常"是常见、单调、重复、常规和拒绝变化的代名词。在这个世界里，人们会直白地表达对事物延续的期望，默认事物会在同一地方、保持同样的状态和形状，除非一股有超乎寻常（违背秩序的，因此无法预料）的外力迫使它们摆脱惰性。在这个世界里，持存性和同一性是指导原则。任何改变都是渐进的，缓慢到令人难以觉察。身处持久性事物之中，人们有充裕的时间调整、适应，缓慢地，因此也是不知不觉地接受新的惯例和期望。人们能够毫无困难且不带一丝犹豫地分辨何为规律、何为偶然，分辨何为合理、何为不合理。无论人们的境况客观上多么悲惨，只要他们知道自己的地位是什么、有哪些选择，了解可能会发生什么、如何做出反应，就不会感到不安。对他们而言，幸福的唯一意义就是不幸福的缺席，而不幸福大概率意味着日常被中断，期望最后落空。

　　在阶层高度分化的社会中，物质价值和符号价值（名望、尊重、免遭羞辱的权利）的获得，严重两极分化，处于两极中间的人往往对不幸的威胁最为敏感。上层阶级只需要花费很少的力气或无需努力，就能够维持优越地位；底层阶级对于改善自己卑微的生活，可做的事情极少，或根本无能为力。对于中产阶层而言，一切不曾拥有却渴望之物似乎都可以去争取，他们拥有和珍惜之物，也会在不经意的一个瞬间轻易地丧失。与其他人相比，中产阶层无可避免地活在永恒的焦虑之中，总是在恐惧不幸和短暂享受安全感之间摇摆。中产阶层家庭的后代必须艰苦奋斗、竭尽全力才能保证家族财产免受损失，才能凭借个人的热情和精明再次取得父母享有的安逸社会地位。"跌落""社会降级""落魄"等说法,大多是为了描述和这种要求相关的风险和恐惧才被创造出来的。在阶层分化的社会里,中产阶层是唯一永远挣扎在两重社会文化边界之间的,这两重边界不会令人联想到安全、和平的边境,而是会令人联想到战争前线。上层边界有接连不断的侦察行动和对仅有几个桥头堡的激烈防卫,下层边界则需要中产阶层严密观察——入侵者可能会轻易地进入,如果中产阶层不严防死守,内部的人就得不到保护。

我们有充分的理由,把现代的降临解释为一场主要由中产阶层利益推动的革命(或按照卡尔·马克思的说法,是一场胜利的"资产阶级革命")。其中,中产阶层所特有的、对脆弱和不可靠社会地位的执着,以及他们为防卫和维持稳定付出的不懈努力,确实起到了非常重大的作用。在现代到来前的黎明,当人们勾勒一个消除了不幸的社会之轮廓时,大量涌现的乌托邦蓝图主要反映、利用和记录了中产阶层的梦想和渴望。人们所描绘的社会一律消除了不确定性,而其中最显著的特征,是没有社会地位的模糊性和不安全感,且社会地位赋予的权利和要求的义务也十分明确。不管这些蓝图之间存在何种差异,它们都不约而同地把持续、稳定当作人类幸福的基础。在乌托邦城市(几乎所有的乌托邦都是城市),地位是多种多样的,但每一位居民安守于分配给他的位置。最重要的是,乌托邦蓝图设想了不确定性和不安全感的终结,也就是一个完全可以预料、毫无意外的社会环境,不需要进一步的改革和调整。乌托邦的完美社会一劳永逸地彻底消除了中产阶层的焦虑。

也许有人会说,中产阶层是先锋,先于社会其他阶层体验和探索了现代生活生存境况的主要矛盾,即安全感与自由这两种价值之间永恒的张力。两者同样令人渴求,同样是幸福生活不可或缺的要素,但调和两者的矛盾、同时享有它们,也是极其困难的。这注定成为现代生活中一个近乎普遍存在的特征。中产阶层处在不稳定的位置上。社会其他阶层眼中宿命的(令人欢喜或厌恶)馈赠,即什么都不做就可以维持、做什么都无力改变,对于中间阶层而言却是永远完不成的任务。因此,中间阶层容易遭遇和面对安全感与自由之间的张力。这或许可以部分解释,为什么原本独属于中产阶层的难题和关切蔓延到现代社会的大部分人身上。这种现象被准确地称为"资产阶级化"(embourgeoisement)。当然,社会其他阶层对中间阶层的效仿,除了与阶级相关的原因之外,还有其他原因。

近来,让-克劳德·米谢阿对良善社会和良好生活这对现代概念的诞生、发展、内在矛盾和非预期后果,进行了深入研究。他将"现代计划"的源头追溯至"对暴力死亡的恐惧、对不可信邻人的恐惧、对狂热意识形态的恐惧",以及对"回归平静和安宁生活"的渴望。①16—17 世纪以"宗教战争"形式出现的意识形态战争,是早期现代的恐怖发明。人们的恐惧和渴望,是对这种新发明带来的震荡和痛苦所作的反应。历史学家利奥波德·冯·兰克②

① Jean-Claude Michéa, *L'Empire du moindre mal. Essai sur la civilisation libérale*, Climats, 2007, p.27.
② 利奥波德·冯·兰克(Leopold von Ranke),十九世纪德国最重要的历史学家之一,主张根据客观资料如实呈现历史之原貌,被誉为"近代史学之父"。——译注

主要研究欧洲历史中这个沾满鲜血的时代。借用他的话来说：
"在狂热的宗教观念出现之前，作为所有文明和人类社会基础的
道德消亡了……人们的头脑中充斥着疯狂的幻想，这使他们害怕
自己，所有元素似乎都充满了恐怖。"①"荒山上回响着被谋杀者
的尖叫，他们的孤单房屋闪烁着恐怖的火光。"②对此，理查德·
德雷克评论道："就像今天在伊拉克逊尼派和什叶派之间的报复
性屠杀一样。"③一场杀戮报复循环把法国和大半个西欧变成了
血海。无休止的战争，让兄弟残杀、让邻居反目，剥夺了人们之间
最后的忠诚、怜悯和同情。这促使帕斯卡尔把战争称作"众恶之
首"，也让霍布斯把"所有人对所有人的战争"视为人类自然状态
最醒目的特征。

画作《历史的天使》④来自保罗·克利⑤，因瓦尔特·本雅

---

① Leopold von Ranke, *Civil Wars and Monarchy in France*, trans. M. A. Garvey, Bentley, 1852, vol.1, p.325, and vol.2, p.50.

② 主要引自 Leopold von Ranke in *The History of the Popes during the Last Four Centuries*, trans. G. R. Dennis, Bell, 1912, vol.2, p.219。

③ 参见 Richard Drake, "Terrorism and consolation of history", *Hedgehog Review*, 2 (2007), pp.41-53。

④ 事实上，该画原名为《新天使》(*Angelus Novus*)，"历史的天使"是本雅明在《历史哲学论纲》中的评论语。他说："保罗·克利的《新天使》画的是一个天使看上去正要从他入神地注视的事物旁离去。他凝视着前方，他的嘴微张，他的翅膀展开了。人们就是这样描绘历史天使的。他的脸朝着过去。在我们认为是一连串事件的地方，他看到的是一场单一的灾难。这场灾难堆积着尸骸，将它们抛弃在他的面前。天使想停下来唤醒死者，把破碎的世界修补完整。可是从天堂吹来了一阵风暴，它猛烈地吹击着天使的翅膀，以至他再也无法把它们收拢。这风暴无可抗拒地把天使刮向他背对着的未来，而他面前的残垣断壁却越堆越高直逼天际。这场风暴就是我们所称的进步。"——译注

⑤ 保罗·克利(Paul Klee)，瑞士裔德籍画家，作品风格主要是超现实主义、立体主义和表现主义。——译注

明①的思考而闻名。与"历史的天使"一样，现代人以惊恐的目光注视过去和现在的暴行，厌恶眼前的人类鲜血和痛苦，因此逃向未来。他们是被逼迫的，而不是受到吸引。并非幸福前景将人们引向未来，相反，他们因为看到痛苦和悲惨的景象才逃离过去。由于紧盯过去，人们无法看清，也没时间想象他们被迫进入的未来，更不可能细致描述它的样貌。米谢阿指出，人们祈求的不是完美的世界，而是不那么罪恶的世界。数百年来，狂热意识形态所衍生的敌意使人类深陷憎恨、猜忌和背叛的泥潭。如果能解救人性于这个泥潭，人们乐意原谅另一个世界可能出现的微小缺陷和错误。

　　人们没能找到足以容纳所有人的方舟，只能暂且采用为个人准备的救生衣：利己主义——一种每个人都具备的能力。这种能力暂时被它的劲敌——盲目的激情压制。但是，一旦它从集体性疯狂中解放出来，就会苏醒、恢复、重归独立。让-克劳德·米谢阿重述了帕斯卡尔和霍布斯那代人的疑问："如果美德只是自负的伪装，如果人们无法相信任何人，只能依靠自己，那该如何避免所有人对所有人的战争？"②在他看来，利己主义是对这个问题的解答。马查蒙特·尼达姆③从一本 1659 年著作中洛汉公爵的话得到启发，宣称"利益不会说谎"。④为了摆脱战争的恐惧、残酷和

---

① 瓦尔特·本雅明（Walter Benjamin），德国哲学家、文化评论家，西方马克思主义的代表人物之一，主要著作有《德国悲剧的起源》《单向街》《机械复制时代的艺术作品》和《历史哲学论纲》等。——译注

② Michéa, *L'Empire du moindre mal*, p.197.

③ 马查蒙特·尼达姆（Marchamont Neham），17 世纪英格兰内战时期的一名记者和出版商。——译注

④ Jean-Claude Michéa refers here to J. A. W. Gunn's *L'intérêt ne ment jamais. Une maxime politique du XVIIe siècle*, PUF, 1998, pp.192, 207.

暴力,需要复兴和解放利己主义。利己是所有人类个体都具有的天然禀赋,只要机会出现,人们大概率会选取这条路径。只要人们遵循这个自然趋向,关心自己的福利、舒适和快乐,即自己的幸福状态,那么他们很快就会发现谋杀、暴行、劫掠和偷盗不利于个人利益。正如伊曼努尔·康德在他的绝对命令①中所总结的那样:理性告诉人们,若要符合自身利益,他们应该以自己希望被对待的方式对待他人,不做任何不愿发生在自己身上的事;也就是说,人们应该尊重他人的利益,抵制以残忍方式对待他人及其财产的诱惑。

大多数时候,希望深埋于现实之中,难以被发现。市场的"无形之手"由追求财富和享乐的自私个体操控,它似乎不愿、也不能把人类从相互施加的暴行中拯救出来。可以肯定的是,市场既没有让大部分人摆脱激情的束缚,也没有让少数从激情中解放出来的人获得幸福。激情据说是一种与个人利益相抵触的冲动,在冷静理性地计算个人利益后,必然会被厌憎,甚至扼杀。但不知何故,激情和纯粹追求个人利益一样,对幸福而言是不可或缺的。事实证明,为了从生活中获得满足,人们需要去付出、去爱、去分享,恰如他们需要去索取,去维护自己的隐私,去保护自己的利益。在充满奥秘和矛盾的人之困境中,似乎不存在简单、直接、单一的解决方案。

让-雅克·卢梭②认为,人需要被迫获得自由。这种自由,至

①　绝对命令,是康德在《道德形而上学的基础》中提出的概念,指无关动机、无条件、出于纯粹客观必然性的实践原则,其内容是"只依据那些你愿意它成为普遍法则的准则行动"。——译注
②　让-雅克·卢梭(Jean-Jacques Rousseau),18 世纪法国启蒙思想家、政治学家和文学家,代表作有《论人类不平等的起源》《社会契约论》和《爱弥儿》等。——译注

少是哲学家说的,被视作理性不可动摇之要求的自由。可以说,"现代计划"所孕育的世界,如果没有在理论中,至少也是在实践中表现出,人在强迫之下才会去追求幸福(至少是自诩的导师、付费的顾问、广告文案写手指明的幸福)……人们每时每刻被训练、教导、劝告、哄骗和诱惑,放弃自认为正确、合宜的生活方式,远离自认为珍贵的、能让他们快乐的东西,变成和当下完全不同的人。他们被迫变成为竞争性企业随时牺牲生活其他方面的工人,变成听从膨胀欲望号令的消费者,变成完全接受"别无选择"这种当今政治正确的公民。这促使他们对无私的慷慨视而不见,对公共福祉漠不关心,因为这些(可能)无法增强他们的自我价值感……

有充分的历史证据表明,被迫的自由极少,甚至从来都不会导向真正的自由。我想把这个问题交由读者决定:在我们流动的现代消费社会的实践方式下,被迫追求幸福是否真正让受迫者获得了幸福。事实上,在实践的检验中寻找这个问题的答案,已经变成个人的责任。我们的生活被设置为一连串无定论的试验,目的是确证或推翻假设。艺术家是富有冒险精神和试验精神的人。我们中的所有人,无论男女老少,都被告知:生活是一件艺术品,交由、留给个体的艺术家去塑造。我们在怂恿和诱惑之下,承担起生活艺术必然的风险。

第二章
我们是生活艺术家

　　汉娜·斯维达-津巴①是一位颇具洞察力的观察家和分析家。她主要关注代际变化，特别是新兴的生活方式。她指出："过去几代人既活在过去，也活在未来"，但当代的年轻人只活在当下。"1991—1993 年，我在做研究时与一些年轻人谈话。他们问：为什么世界上有那么多的侵略？获得纯粹的幸福可能吗？这些问题对现在的年轻人已经不再重要。"②

　　斯维达-津巴说的是波兰年轻人。但在这个快速全球化的世界中，无论她到哪里进行调查，都会发现相似的趋势。波兰是一个刚刚摆脱多年计划经济体制的国家。过去的计划经济体制保全了落后于其他地方的生活方式，也严格限制着人们追求幸福的方式。在波兰收集的数据，是世界性趋势的浓缩和放大，使其尖

---

① 汉娜·斯维达-津巴（Hanna Swida-Ziemba），波兰社会学家，著有《新世界中的年轻人》等。——译注
② 参见她与 Joanna Sokolinśka 的对话："Wysokie obcasy"，*Gazeta Wyborcza*，6 Nov. 2006。

锐化，因此也更明显，更容易注意到。

你追问"侵略到底从何而来"，这可能是因为你有为之付出行动的强烈欲望，因为它在你心中激起了强烈的情感。你诚恳地希望阻止侵略或进行反击，也渴望了解侵略的根源究竟何在。你可能迫切希望奔赴侵略性冲动滋长、泛滥的地方，设法禁绝和破坏它们。如果我猜对了你的动机，那么，你一定怨憎充斥着敌对、令人感到不安，甚至完全不适合人类生存的世界。你认为这样的世界是罪恶的，但是，你相信，这样的世界可以再造，变得和平、宜居，对人类更加友好。你也相信，如果你去尝试，你会成为塑造这样一个世界的力量的一分子。当你追问是否能够获得纯粹的幸福时，或许你相信凭借个人或群体的力量，人们能够以一种更愉悦、有价值、令人满足的方式生活；你也愿意付出相应的努力，甚至做出任何有价值的事业都要求的那种牺牲，承担起这类事业的追随者必须完成的艰难任务。也就是说，在你提出这个问题的时候，你已经表达出不愿平静、温顺地接受现状的决心，你更愿意为生活设立标准、任务和目标，以之衡量你的毅力和能力，而不是相反，用自己被赋予的或可以聚集的力量，去衡量你的雄心和目标。

毫无疑问，你曾如此设想，并为之行动，否则你不会费神思索这些问题。你能想到这些问题，那么你首先必须相信，周遭的世界不是"既定的"，而是可以被改造的，你自身也能在改造世界的过程中发生变化。你一定设想，世界能够变得不一样，它会发生多大的变化取决于你的行为，但你所为和不为之事也同样（甚至在更大程度上）取决于世界的状态。你相信自己能够有一番作为：不仅改变自己的生活，也改变你寓居的这个世界。简而言之，你相信,你是有能力创造和塑造万物的艺术家,正如你本身也是创造和塑造的产物……

"生活是一件艺术品",这句话既不是公理,也不是劝诫,而是在陈述事实。努力使你的生活变得美好、和谐、合理、充满意义,这与画家对其画作、音乐家对其乐曲所做的事情一样。人的生活无法不成为一件艺术品,因为人被赋予意志和选择的自由。意志和选择在生活的形状上留下印记。尽管人们试图否认意志和选择的存在,并且/或者把结果归因于无法抵挡的外力,以否认它们的力量。外力把"我必须"强加在"我想要"的对象上,从而制造出选择范围缩小的假象。

人需要为自己在诸多选项中选定的生活方式及其后果负起责任。我们生而为人,这不涉及选择,而是命运的裁决。但是,人往往需要在超出自身才智和实践能力的情况下,承担起选择的重任。人的生活包含"外在条件"和生活艺术家构想之间的永恒对抗:"外在条件"是人们眼中的"现实",本质上总是抵抗和违背行动者的意志;生活艺术家的目标是克服主观或客观的阻力、反抗或惰性,按照人们选择的"美好生活"愿景去重建现实。保罗·利科①说,这种愿景是"一团有关实现的模糊理想和梦想",在它昏暗光芒的照耀下,生活在多大程度上成功或失败才得以确定。②据此,某些选择及其结果被判定为合理的,某些目标不仅是工具

---

① 保罗·利科(Paul Ricoeur),法国哲学家,在解释学领域与海德格尔和伽达默尔齐名,著有《恶的象征》《作为一个他者的自身》和《虚构叙事中时间的塑形》等。——译注

② Paul Ricoeur, *Soi-même comme un autre*, Seuil, 1990, p.210.

性的,更是"自成目的"（autotelic）的,也就是"自身即是善的",不需要成为实现其他更高目标的手段,也具有正当性和合理性。

利科把美好生活愿景比作星海。星海中繁星闪烁,你无法把它们全部数清。无数明亮和闪烁的星星吸引、诱惑着你。繁星会减轻黑暗,帮助野外的旅行者找到一条路。但我们该沿着哪颗星的指引前行? 到什么时候我们可以确定,从星海中选择这颗星作为指引,是一个恰当或不幸的决策? 到什么时候我们可以下结论,所选择的路是一条死路,应该抛弃它,转向另一条可能的通路? 虽然走在之前选定的路上产生了不安,但放弃现在指引你的星,可能是一个最终让你懊悔的更严重的错误;你可能发现,另外一条路上困难更多。你不可能明确地知道一切。不管选择硬币的正面还是反面,你获胜和失败的概率是相同的。

对于这类困境,没有直接、明确的解决方法。无论人们如何努力地摆脱不确定性,生活总是与不确定性相伴。每一个决定都必定是专断的,没有任何决定是毫无风险、免遭失败或不会在事后造成遗憾的。每当出现了支持某个选择的观点,就一定能找到同样有力的反驳。无论那片星海有多么明亮,它无法确保我们最终不会被迫或主动渴望回到出发点。当我们踏上通往体面、有尊严、令人满意、有价值（当然还有幸福）的生活的路,我们相信和选择一颗足够明亮的星作为指引,试图规避错误,摆脱不确定性。然而,我们很快就会发现,我们对启明星的选择仍然是由我们作出,它和其他的选择一样都暗藏风险。我们需要承担责任的选择,会一直存在,直到最后⋯⋯

我们的身份,回答了诸如"我是谁""我在世界上处于何种位置""我到这里来是为了什么"这类问题。米歇尔·福柯[①]说,从"身份不是既定的"这句话只能得出一个结论:我们的身份需要创造,就像创造一件艺术品。"每一个人类个体的生活都能成为一件艺术品吗?"[②]无论出于何种实际目的,这个问题只是一句诘问。答案是早就确定的。福柯继续写道:如果一盏台灯、一栋房屋可以是艺术品,人的生活为什么不可以?[③]我想,无论是"新一代年轻人",还是斯维达-津巴用来与之作对照的"过去几代人",都会由衷赞同福柯的说法;但是我也认为,这两类人群在想到"艺术品"时,头脑中会浮现出不同的景象。

过去几代人大概会想到价值长久的事物,不会腐朽,无惧时间的流逝和命运的无常。他们延续了旧时艺术大师的习惯,在落下第一笔前细致地为画布涂上底漆,并精心选择合适的溶剂,确保层叠的颜料不会在干燥之后碎裂,能够多年后,甚至是永远地,保持颜色的鲜艳……然而,新一代年轻人模仿时下当红艺术家的技巧和模式,也就是"即兴艺术"或"装置艺术"。在即兴艺术中,唯一可知的是,没有人,包括设计者、创作者和主要行为人,能够确定艺术品最终会以怎样的方式成形。即兴艺术品的创作轨迹受制于盲目的、无法掌控的命运,在塑造的过程中,一切皆有可能,没有什么一定会发生。装置艺术则由脆弱、易逝,甚至是可自我降解的部件拼接而成,因为所有人都知道,装置艺术品在展览

---

①　米歇尔·福柯(Michel Foucault),法国哲学家、社会理论家,被认为是后结构主义的代表人物,代表作有《词与物》《规训与惩罚》《性经验史》等。——译注
②　或者更直白些,"每一个人都能成为他或她生活的艺术家吗?"
③　Michel Foucault, "On the genealogy of ethics: an overview of work in progress", in *The Foucault Reader*, ed. Paul Rabinow, Random House, 1984, p.350.

结束后就会消亡。为了给下一批展品腾出位置,展览馆需要清除旧展览的遗存。新一代年轻人在想到艺术品的时候,也会联想到海报和其他贴在墙壁上的印刷品。他们深知,海报和墙贴一样,不会作为房间的装饰物永远存在,早晚需要"更新"——从墙上撕下来,为新偶像腾出位置。

两代人("过去几代"和"新一代"更多相关内容请参见第102页"补记:过去和当今的世代")都依照现实世界去构想艺术品。他们认定并且希望艺术能够揭示世界的真实本质和意义,供人们仔细观察。人们期望能凭借艺术家的劳动,让世界变得更容易理解,甚至是在眼前完全展开。但是,在此之前,人们通过"尸检",即通过个人经历和广为流传的故事,获知这个世界的运行方式。难怪,新一代年轻人和先前几代人形成鲜明对比,他们认为一个人无法发誓忠于生命旅程开启时设定的路线。这是因为,随机出现的、无法预料的命运和意外事件大概率会改变旅途的方向。比如,斯维达-津巴在谈到一些波兰年轻人时说:"他们发现,有一个朋友在公司里经过一次又一次的升职坐上了高位,结果公司破产,他失去了曾获得的一切。他们可能会出于这个原因放弃进展顺利的学业,远赴英国的一个建筑工地上班。"另一些年轻人则是完全不去思考未来(简直是浪费时间,不是吗),他们不指望生活按照逻辑出牌,只相信意外的好运(有可能)和人行道上的香蕉皮之类的厄运(同样可能)。正因如此,他们"希望每一刻都过得快乐"。是的,每一刻。不快乐的时刻是在浪费时间。既然人们无法计算出当下的牺牲会带来多少未来收益,为什么要放弃能从"此刻"榨取的即时享乐?

对年长和年轻的世代来说,"生活的艺术"可能有着截然不同的意义。但是，两代人都践行着生活的艺术。生活的过程、连续人生片段的意义、生活的"整体目标"或"最终目的地"，如今都被视为需要人们亲自动手的工作。虽然，人们所做的，只不过是拣选和组装正确的一组制式套件，就像组装宜家家具一样。正如艺术家一般，每一个生活的践行者都必须为自己的成果承担起全部责任，并凭借成果得到赞赏或批评。让我再强调一次：如今，每个男人和女人都是艺术家，这不是出于选择，而是命运的裁决。

　　"受命成为艺术家"意味着，不行动也是行动。与游泳和航行一样，任凭身体随波逐流也是一种创造性艺术行为。有些人拒绝相信自己的选择、决定和行动之间的逻辑连续性和因果性，也拒绝相信他们的计划有可能驯服命运，否决天意或宿命，使生活保持在一个稳定、预设、合意的轨道上。但即便是这样的人，也不会无所事事。他们仍需要按照命运的要求完成无数微小的任务，以这样的方式"协助命运"，就像按照内置图纸拼装一组套件那般。与那些不愿延迟满足、决定活在当下的人一样，关心未来走向、警惕意外破坏的人也相信，生活所许下的承诺变化无常。他们似乎已经妥协，接受了不存在万全之策的事实；接受他们无法准确地预测出，在不可胜数的选择中哪一些最终会是正确的；接受他们无法预见，哪些随意播撒的种子会结出丰硕甜美的果实，又有哪些幼芽会枯萎、凋零，等不及一阵风或一只黄蜂为其授粉。因此，无论抱有哪些信仰，他们都同意：人应该抓紧时间，无所事事、行事缓慢、萎靡不振都是有害的。

　　斯维达-津巴指出，年轻人尤其会为了以防万一积累各种经验、获得各种证书。波兰年轻人会说"może"；英国年轻人会说

"perhaps";法国年轻人会说"peut-être";德国年轻人会说"vielleicht";意大利年轻人会说"forse";西班牙年轻人会说"talvez"①——但他们都在表达同一件事：谁能知道在下一次的人生抽奖里，哪一张彩票会中？不购买彩票，就没有中奖的机会……

　　我也属于"过去的一代"。

　　年轻时，我和大多数同代人一样认真阅读让-保罗·萨特②关于如何选择人生计划的教导。"人生计划"的选择是"最重要的选择"，这个元选择一劳永逸地决定其他所有（从属的、派生的、执行性）选择。萨特告诉我们，每一个计划都会附有一张路线图和一份路程描述。一旦目的地确定下来，其余的只不过是在地图、指南针和路标的指引下，寻找距离最短、危险最小的路……

　　我们能够毫无障碍地理解萨特的话，也会发现这种说法符合周遭世界正在明示或暗示的内容。在萨特和我这代人的世界里，地图的更新速度很慢，甚至从不更改（有些地图甚至自诩为"最完整可靠的"）；道路一旦铺设好，只会不时地翻新路面，以适应车流、载重和速度的增加，但它们通往的都是同一个目的地；交叉路口指示牌和路标上的油漆可能会重刷，但它们载有的信息却从未更改。

　　之前，我和年纪相仿的年轻人一样耐心聆听社会心理学的教义，从来没有发出质疑的声音，更不必说反叛。社会心理学建立在实验的基础上。在实验设置的迷宫里，只有一条通往奖赏的路

---

① 以上这些表述都是"或许""可能"的意思。——译注
② 让-保罗·萨特(Jean-Paul Sartre)，法国存在主义哲学家、作家和政治活动家，存在主义马克思主义的代表人物之一，其标志性著作有《存在与虚无》《存在主义是一种人道主义》等。——译注

线,其终点是一小块诱人猪油。饥饿的小鼠会在迷宫中寻找唯一"正确的"转弯顺序,并在它的生命过程中习得、熟记这个顺序。我们不曾质疑,因为在实验室小鼠窸窣的疾行声中,在萨特的忠告里,我们都听见了自己生活经验的回响……

如今,大多数年轻人绝对不会在实验小鼠身上看到自己的影子;如果有人劝告他们要在踏上旅程前规划出整个人生轨迹,他们会耸耸肩膀不予理会。的确,年轻人会质疑:难道我们知道下个月或明年会发生什么吗? 作为回答,他们会说:只能确定一件事,那就是下个月或明年的光景会和我们身处的当下毫不相同。正因未来有所不同,我们当前掌握的许多知识、使用的大部分专业技术都会变得无用,且我们无从得知会是哪些知识和技术变得无用;我们不得不忘记一些当前熟知的内容,也会出于必要,抛弃许多在当下让我们感到骄傲、为我们赢得赞扬的事物(同样地,我们无从猜测哪些事物将被抛弃);今天受人推崇的选择,到明天会成为受人谴责的错误。按照这个逻辑,我们真正需要、首先应该掌握的技能是灵活性①,也就是当旧日资产变为负担,便迅速遗忘并抛弃它们的能力,以及在短时间内改变方向、转换轨道却不心生悔意的能力。我们真正需要永远铭记的,是应避免对任何事或任何人宣誓一生效忠。毕竟,转机总是不知从何处突然出现,又在我们毫无防备之际消失。不幸的是,那些愚人们,无论有意还是无意,都表现得就像他们永远能抓住它们……

如今,人们仍然可以梦想提前编写出完整的人生剧本,并付

———————

① 一个当前政治正确的中性词汇。

出努力使其变为现实。但是,忠于任何单一剧本,会带来巨大风险,甚至导致自我毁灭。过去的剧本早在彩排之前就可能变得陈旧,不再适用。即使硬撑到开幕之夜,表演也只能草草收场。按照过去的剧本度过人生的一个阶段(史不必说整个人生),就相当于放弃了诸多其他人生剧本。后者可能更加与时俱进,更符合潮流,因此也更有前景。毕竟,新的机会在不断敲门——只是我们不知道它会在何时敲门,又会敲响哪扇门。

　　以汤姆·安德森(Tom Anderson)为例。他是学艺术出身,因此不曾掌握大量工程知识,也并不了解技术的运作方式。与我们中的大多数人一样,他使用现代电子产品,但不会花时间猜测和思考电脑机箱的内部是什么构造,以及按下某个按键时,屏幕上为什么出现某些东西。然而,甚至他自己都感到惊奇,突然之间,他成为电脑世界中的名人,成为"社交网络"的创造者和开拓者,成为"第二次互联网革命"的发起人。他的博客最初可能只是私人消遣,但在短短几年后就发展为"MySpace"公司,年轻人和新网民①蜂拥而至。这家"公司"那时不产生任何利润,安德森本人大概也不知道或者不想知道如何从中牟利。MySpace 依靠微薄的资金艰难度日,直到 2005 年 7 月,鲁伯特·默多克(Rupert Murdoch)不请自来,向这家公司提出了 5.8 亿美元的收购案。默多克收购 MySpace 的决定如魔法一般打开了新世界的大门,比世上最巧妙的咒语还要灵验。淘金者迅速效仿默多克的做法,到网

---

① 　如果老网民对这家新公司和它惊人的流行程度有所听闻,他们会不屑一顾,甚至将其视为短暂的一场狂热或一个愚蠢的主意,转瞬即逝。

络世界中猎取尚未开掘的财富。雅虎以 10 亿美元的价格收购了另一家具有"社交网络"性质的网站。2006 年 10 月，谷歌以 16 亿美元收购一年半前成立的 YouTube。这家视频网站由两个业余爱好者查德·赫利（Chad Hurley）和陈士骏（Steve Chen）在小作坊里创办。2007 年 2 月 8 日，《纽约时报》宣布，作为对他们绝佳创意的回报，赫利得到了价值 3.45 亿美元的谷歌股票，陈士骏获得了价值 3.26 亿美元的谷歌股票。

在古代，艺术是顺从、忠实描绘神明造物之力的手段：希腊人"无法调和在神圣灵感的支持下创作和以作品换取金钱回报这对矛盾"。①在古代，"成为艺术家"总是和禁欲、贫苦相关联，意味着"弃绝尘世"，不能追求任何世俗成功，更不用说取得金钱回报。但自中世纪晚期和文艺复兴早期以后，在画家、雕塑家和音乐家的生平传说中，被命运发现成为一个颇受欢迎的主题。命运化身为位高权重的保护者，或掌握丰富资源的赞助人，四处搜寻尚未被认可或未得到应有赞赏的天才。

被位高权重的过客发现，是人们在现代的开端创造出的神话。它是为了解释，在一个将出身视为全部、不可能更改命运的社会，在一个容不下白手起家者的社会，为何会有前所未见之数量（仍然相当稀少）的艺术家突然之间取得声名和财富。然而，这种解释方式不会消解所谓的"常态"，而是顽强地加固和重申通往财富和荣耀的世俗秩序——权力、力量、权威、影响力。出身卑微

---

① See Ernst Kris and Otto Kunz, *Legend*, *Myth and Magic in the Image of the Artist*, trans. Alistair Lang and Lottie M. Newman，Yale University Press，1979，p.113.

或身为社会弃儿的未来艺术大师发现，即便拥有天赐的惊艳才华、不同寻常的坚定信念，以及取之不尽的使命感，仍然不足以让他们实现自己的命运，除非有一双强有力的手，托举他们获得此前遥不可及的声名、财富和景仰。

在现代到来之前，"与命运相遇"的传说几乎只发生在艺术家的身上。这并不令人意外，因为当时的艺术从业者，比如画家、雕塑家、建筑师和作曲家，几乎是唯一跨越自己卑微社会地位，最终与王公和主教，甚至国王和教皇推杯换盏的一群人。然而，随着现代性的发展，打破阶级壁垒的队伍不断壮大。

随着"新贵"人数的进一步增长，普通大众也成为"与命运相遇"故事的主角。这些故事现在表达了所有生活艺术家对生活的期望——平凡生活中平凡艺术的平凡实践。今天，我们都受到指示，知道自己有机会"与命运相遇"，有机会得到运气的眷顾，从而获得成功和幸福的生活。如果"与命运相遇"能使生活变得充满意义、成功和幸福，我们自然有理由希望，甚至指望好运的降临，并尽力促成它的到来。我们最大限度地发挥自己的想象力，巧妙地部署自己掌握的资源，也就是说，我们不放过任何机会。

诚然，在奇迹般白手起家、从贫到富的故事中，站在聚光灯下、受到公众赞誉和崇拜的主人公往往都是艺术家①。比如，有一个女孩把流行偶像的照片剪下来，再胡乱贴在烟灰缸底部作为装饰，由此价值 50 便士的玻璃烟灰缸卖出了 2 英镑的价格。伦

---

① 　更准确地说，是为数不多的幸运儿。由于突然之间声名大振，他们的作品不容置疑地被归到了"艺术"之列。

敦东部一条死气沉沉的小巷里有一家生意惨淡的店铺,一个女孩在店里等待好运的降临。有一天,一辆豪华轿车停在门口,从车里下来一位著名的艺术赞助人。这位赞助人的使命是把女孩尚未整理的床铺变成一件价值连城的高雅艺术品,就像灰姑娘的仙女教母把南瓜变成一辆金光闪闪的马车一般。

男孩和女孩奇迹般变为艺术大师的故事,顺应了数百年来讲故事的传统,这是它容易被接受的原因所在。这类故事和当今流动的现代时期的氛围格外贴合。与现代早期的故事不同(比如,擦鞋童变为百万富翁的传奇),这类故事不提及任何尴尬、尖锐和扫兴的问题。先前人们以为,要在生活中取得成功,必须具备耐心,辛勤付出,自我牺牲,这类故事则对此避而不谈。如今,广受欢迎的有关著名视觉或表演艺术家的故事,淡化了他们从事活动的类型和方式。毕竟,在流动的现代世界中,没有什么活动是无惧岁月变迁、永保价值的。流动的现代时期故事通常强调普遍原则:命运是仁慈的,在被称为"生活"的浑浊溶剂中,无论加入何种平凡、常见、不起眼的材料,都会沉淀和析出标志着成功的闪亮结晶。任何材料都行,传统现代故事中的苦役、克己、禁欲或自我牺牲无关紧要。

在这样的情况下,计算机网络的发明带来了极大的便利。互联网诸多优点的其中之一①②,是人们不再需要在两难困境中择

---

① 这也是它以惊人的速度不断发展的主要原因之一:互联网用户的数量在 1997 年还小到可以忽略不计,但在 2010 年却有望突破 25 亿大关,2006 年电子邮件流量的 20％就已达到了一个艾字节,超过了有史以来所有人类语言能够承载的信息量。——译注

② Richard Wray, "How one year's digital output would fill 161 bn iPods", *Guardian*, 6 Mar. 2007.

取其一。自古代起就有了工作和休闲、劳动和歇息、勤奋和怠惰之间的二分。但如今，人们开始反感这种二元对立，认为它们已然过时。在电脑前浏览切换各种各样的网站所耗费的时间该如何归类，是工作还是消遣？是劳作还是享乐？你说不出来，你不知道，事实上你也并不在意。当然，你也无须背负无知和漠然的罪恶感。因为，在命运揭示答案之前，这些两难问题的可靠解答不会出现。

　　因此，人们不会对如下事实感到惊讶：截至 2006 年 7 月 31 日，全球广域网上已有 5 000 万个博客；根据估计，博客的数量自那时起，平均每天增长 17.5 万个。那些博客会向网络群众提供什么内容？答案是：发生在博主、作者或运营者身上的一切。没有人知道什么内容会在瞬间吸引鲁伯特·默多克或查尔斯·萨奇的注意力。创建个人站点和博客只不过是另一种形式的乐透彩票：你接连不断地购买彩票"只是为了万一中奖"；你或许错误地相信，其中存在能让你预测出中奖号码的规律。乔恩·兰彻斯特（Jon Lanchester）研究过大量的博客，他指出：一名博主详尽地汇报了他早餐吃了什么；一名博主描述了前一晚游戏带来的乐趣；一名女性博主抱怨了伴侣在亲密之事上的隐秘缺陷；一名博主晒出了一张宠物狗的丑照；一名博主反思了身为警察的诸多不便；一名博主搜集了一个美国人猎艳的刺激细节。[1]无论内容多么五花八门，几乎所有的博客都有一个共同的特征：它们在向公众展示私密的经历和奇遇时，表现出毫无羞耻感的真诚和直接。

---

[1]　参见"A bigger bang", *Guardian Weekend*, 4 Nov. 2006。

说得直白些,毫无顾忌地把自己投入市场,待价而沽。或许,某些内容会引起一位重要网上冲浪者的关注;或许,某一个博客会激发某位潜在顾客的兴趣。无论是富有的权贵,还是普通网民,只要关注者的人数足够多,就能够引起一小部分极具影响力的人的注意。他们会向博主开出高价,推动博主的身价一飞冲天。向公众告白自己最私人的、最隐秘的事情,成为一种"替代货币"。当人们不具有投资人惯常使用的那些货币时,便可以诉诸这种通货。生活的艺术需要希望在场,即使是模糊的希望。人们希望,生活的艺术品能够得到欣赏,无论是在大街、广场上,还是在私密的卧室和计算机房。

许多学识渊博的艺术评论家都认为,艺术征服了整个世界。被判定为空想的 20 世纪先锋派梦想变成了现实——尽管不一定是他们希望的形式。当艺术战胜一切之后,它似乎不再需要艺术作品彰显自身的存在。

不久之前,当先锋派尚未激起波澜之时,艺术曾试图向世界和世人显示自己的有用性,以证明它的生存权利。当时,艺术需要留下坚实而耐久的痕迹,作为它提供有价值服务的确凿证据——有形的,最好无法消除;坚不可摧的,能够永恒存在。但是现在,就算没有留下坚实的痕迹证明自己的存在,艺术仍高枕无忧。它甚至经常小心翼翼,不让自己逗留得太久,以免留下太深的痕迹,无法迅速地抹去。如今的艺术似乎专精于作品的快速组装和拆除。至少,组装和拆除在今天被视为同等有效、富有价值、不可或缺的艺术创作形式。著名的美国艺术家劳森伯格曾出售另一位美国知名艺术家德库宁作画的用纸,只不过,他费力地擦除了几乎所有的铅笔痕迹。劳森伯格本人在其中的艺术贡献,以及收藏家高价购买的,是擦除留下的痕迹。劳森伯格把破坏上升到艺术创作的高度。他的行为旨在表明,艺术为同时代的人提供的宝贵服务不是留下痕迹,而是消除留在世界上的痕迹。在当代最杰出、最有影响力的艺术家中,劳森伯格绝不是唯一向公众传达这个讯息的人。比如,"自毁艺术"的先驱古斯塔夫・梅茨格①,在 1966 年召开研讨会,探讨作为艺术的破坏。之前,只有用雕刻、印花,或者用其他方式让痕迹凸显,甚至永远存留,才称得上是艺术。但之后,痕迹的消除和遮盖也取得了同等的地位。同样的情况也发生在生活艺术领域。人们在这里试验生活中最迫切需要的各种工具,也在这里发现、遭遇和应对人之生存最严峻的挑战。

上述美术领域发生的转变,也存在于最常见、最普遍的艺术流派——生活艺术。事实上,美术领域已经发生并将持续发生的重大偏移,是艺术家努力追赶生活艺术之变化的结果,至少在最引人瞩目的几个细分领域是如此。美术是生活的复刻,这在上述案例和其他许多方面都有所体现。在大多数情况下,美术新潮流追随着生活方式的改变,尽管有时会磨蹭。即使创作者尽最大努力预判可能发生的变化,即使他们有时能够触发或者促进某种变化,并使其融入日常生活实践,美术的主要身份仍然是一个追随者。在艺术家发现它之前,"创造性破坏"已经被广泛实践,并植

---

① 古斯塔夫・梅茨格(Gustav Metzger),德国艺术家、政治活动家,曾提出"自毁艺术"(auto-destructive art)的概念,即把破坏看作艺术创作的一个部分。——译注

根于日常生活。它是生活中最常见、最惯用的权宜之计。我们可以把劳森伯格的举动解读为，他是在重释"代表性画作"的内涵。任何一位有抱负的艺术家，如果想揭示、展示人类体验，在作品中如实呈现这些体验，那么，他就需要遵循梅茨格的宣言，效仿劳森伯格的擦除范例，凸显创造和破坏之间的紧密关系，让其可供审查。

在我们这个流动的现代世界中，实践生活的艺术，使自己生活成为一件"艺术品"，意味着投身恒常的转变，通过转变为与先前自己不同的人，不断重新定义自己。"转变为他人"等于废除当前的身份，像蛇褪皮或蟹脱壳一般打破、摆脱自己的旧形态，扔掉没用的角色。不断涌现的"又新又好"的机会向我们显示，当前的身份、形态和角色已经破旧、不合身，或不再像过去那般令我们感到满意。为了向公众展示一个全新的自我，并从镜子里或他人的眼中欣赏它，人需要把旧的自我从自己和其他人的视野中清除，可能还需要从记忆中清除。当我们进行"自我界定"和"自我伸张"时，我们实践创造性破坏。每一天都是如此。

对于许多人，特别是只留下易消除、易覆盖的轻浅痕迹的年轻人，这种全新的生活艺术形式极具魅力。显然，这并非全无道理。这种新艺术承诺在未来为他们提供似乎看不见尽头的一长串乐趣。此外，它也能使追求快乐、满意生活的人免遭终极的、决定性、无可挽回的失败。每当经受挫折，人总会有重新来过的机会，能够从失败中恢复。这种生活方式允许人及时止损，重新开始，从（新）起点再出发，甚至赢回、补偿因"重生"失去的一切。如此一来，人便能淡忘在他们持续创造性破坏中的"破坏"，新景致及其未验证的承诺会带来甘甜,驱散失败的苦涩。

萨特认为,生活艺术的精髓在于坚持实现"人生计划"。在他的时代,连续的生活情景及其挑战在人们看来不是独立、自足的片段。无论对错,它们当时被人们视为预定行程中的不同阶段,以一种严格的、自然的,甚至是命定的顺序排列。类似于一串念珠,依照预定的顺序串成,不容协商,也无法更改。诵念祷告时,必须按顺序滑动。

依照萨特的说法,从生命的最初时刻到生命的终结,人生的轨迹在踏出第一步之前早已确定,人必须按照预设的行程前行。萨特的"人生计划"是一条世俗救赎之路,是通往永恒恩典和永恒诅咒之间十字路口的朝圣之旅;只不过,在世俗版本中,恩典、救赎对来世的生活毫无益处,朝圣及其目的地完整地内嵌于当世的身体生活。但是,无论是世俗的还是宗教的救赎之路,都把人生看作一次通向既定目的地的朝圣,目的地一经确定便不会更改;二者也都假设,一旦选择了目的地,就可以获得和学习关于如何抵达目的地的说明。唯一留给朝圣者的责任,是忠实地沿着路线前进,抵抗偏离路线的诱惑,绝不踏上想象中的捷径、风景更佳的路,或更容易走的路。

意志坚定的人仍会下决心践行萨特的建议。但他们知道,也一定会意识到,自己选择了一项艰巨的任务,这项任务缺乏可完成的保证,也不具备可信的完成希望。他们必须权衡过程中考验的困难程度与通过考验所付出的牺牲。这些人(我们也一样)必须意识到,在朝圣期间,旅行条件必定会和今日相差无几:社会地位和生活来源是脆弱的;人与人之间的纽带是不牢固的;人们所推崇的价值，以及公众眼中值得关注和付诸努力的事项，变化无常。周遭的一切串通起来，让虔诚朝圣者的生活变得艰难、令人厌烦，似乎只是为了惩罚他们对所作选择的执着和忠诚。

且允许我提醒读者，萨特所探究的生活男女以及他劝诫的受众，曾在课堂上学习基于小鼠实验的心理学。实验小鼠被迫在迷宫中寻找、习得和记忆"从现在到永远"都是唯一的不变路线，并沿着它找到"从现在到永远"都令它垂涎的奖励。也就是说，小鼠的生活任务是为了生存而适应，为了适应而学习——调整它们的行为，以适应一个有序、坚实、无法撼动、无法更改的外在世界形状。如果心理学今天仍要从迷宫小鼠实验中得到智慧，并且教师希望学生接受这就是对世界的如实反映，是与自身生活体验相呼应的理论模型，那么，迷宫的内部结构必须是灵活可变的，并在每一场实验中都实施调整，而终点处的奖励也要每次都出现在意料不到的新位置上。

在我们这样的世界里，任何被认为值得追求的目标都只会短暂地出现在视野中，通常是在人们认为毫无希望和不值一看之处，或者更糟糕，在过去人们获得成功、经过检验的道路上，但这条路现在却有可能指向深渊。在这样的世界中，对未来的探险进行长期规划，注定充满了风险。只有为数不多的人，具备非凡品质，才愿意承担这样的高风险，并接受高失败率。在一个布满陷阱和埋伏的世界里，捷径、在短期内即可完成的计划、立即能命中的目标，才更有优势，更容易获得回报。这样的世界也鼓励"先享受再付费"的态度，同时劝阻人们反思和担忧"这一切意味着什么"。这就好像串起念珠的长线被剪断，念珠洒落一地。于是，先捡起哪枚念珠不再重要，"理性"的做法是，用最小的力气、最短的时间抓住距离自己最近的那一枚。

与弹道导弹不同，按照工具理性策略，智能导弹的首要打击目标很少在发射之前就已设定。目标往往是后来添加的东西，在行动结束之际才会出现，或者根本不出现，是不曾预料到的结果。行动的目标需要去搜寻、发现和构建，出现在一连串事件的末端。

矛盾的是，如果压力不诉诸胁迫或暴力，那么它就最难抵抗、反击。"你必须这样做（或你决不能这样做），否则后果自负"会激起不满，引发反叛。相反，"你想要它，它是你应得的，去大胆尝试吧"迎合了人渴望赞美的自爱。这种自爱滋养着永远得不到满足的自尊，鼓励人们探索未探索的领域。

在我们的消费社会中，市场上推陈出新的产品，市场代言人有偿或无偿的宣扬，激发我们效仿新的生活方式，不断改造自己的身份和公共形象。这些行动不再和强迫有丝毫关联。正好相反，人们倾向于将其视为个人自由的表现。一个人选择退出，不再继续追求难以捉摸、永远无法完成的身份认同；或者遭到排挤，被迫停止追求；或从开始就没有获得参与的许可。只有发生以上这些情况，他才会认识到自由的有限性——拥有或掌控跑道、把守入口、驱动人们奔跑的力量是如此强大。只有在这时，他才会发现，不幸者或不顺从者会遭受多么严厉的惩罚。没有银行账户和信用卡、负担不起入场券的人，对这种境况最为了解。在交易忙碌的白天过去之后，许多人会在深夜的黑暗中感受到恐惧的幽灵，说得更具体些，是银行账户负债或可用余额为零发出的红色警报。

　　生活的路标总是毫无征兆地出现和消失。标记未来会涉足区域的地图几乎每天都需要更新——不定期地更新，不提前通知更新。许多出版商都会印刷和出售地图，在许多报刊亭都能买到地图，但是其中却没有一张得到可信官方授权的关于未来的地图。无论你依照什么地图来指导你的方向，你都得自己背负风险和责任。简单来说，对于身份认同的寻求者、构建者、变革者来说，他们的生活中充满了麻烦。他们所践行的生活艺术需要大量的金钱和不懈的努力，在许多情况下，还需要有钢铁般的意志。尽管这种生活向人们承诺了诸多快乐和幸福时刻，也或多或少会兑现它的诺言，但是，如果让人们自由地选择，许多人仍会犹豫是否践行这种生活。

　　人们通常说，这些人的犹豫，如果不是因为敌视自由，那就是对自由漠不关心；要么是因为他们尚未成年，没有成熟到能享受自由的程度。这种看法意味着，如果人们不顺应流动的现代消费社会中的主导生活方式，往往只有两种方式去解释他们的动机：或是出于意识形态原因憎恶自由，或是无力接受自由的馈赠和祝福。然而，这种解释只说对了一部分。

　　所有身份都是易变的、脆弱的，这给寻求身份认同的人带来负担，他们每天都要面对身份认同的问题。最初，这可能是一项用心的事业，但随着时间的流逝，它会变成不再反思的例行。无处不在、不断重复的断言"你可以让自己成为与现在不同的人"也改头换面，变为"你必须让自己成为与现在不同的人"。"你必须"并不契合人们期盼的自由，出于对自由的真诚渴望，他们会抗拒这种说法。无论你是否掌握"做必须之事"所

需的资源,这种"必须"听上去更像奴役和压迫,而不是人们想象
中的自由化身。甲之蜜糖、乙(许多人、多数人)之砒霜,但对所有
人而言,是两者的混合物。如果说"自由"意味着能够按自己的愿
望行事,追求自我选择的目标,那么,尽管流动的现代消费主义下
的生活艺术会向所有人承诺自由,但只有极少数被选中的人才能
实现自由。为了让永远不稳定的生活变得不那么难以忍受,众多
卢瓦克·华康德①所说的"不稳定无产者"(precariat)被迫用他人
的(充满敌意的)客体化(刻板印象)塑造自己的"主体性"。他们
的"进一步边缘化"是向孤立、封闭的地方集聚。在局内人和局外
人眼中,这些地方无可挽回地沦为社会炼狱,是后工业化城市中
心弥散着病菌的恶地,只有社会渣滓才愿意居住在这里。②

　　亚历山大·内哈马斯③曾就生活艺术作出哲学反思。他指
出,对苏格拉底的非凡生活方式,或者说色诺芬和柏拉图绘声绘
色描述的苏格拉底的生活方式,欧洲哲学有一种神秘的迷恋。他
尝试对此现象进行解释。④苏格拉底并没有自己写下任何文字,

---

① 　卢瓦克·华康德(Loïc Wacquant),法国社会学家,著有《反思社会学引论》《城市弃
　　民:比较社会学视角下的高度边缘性》《惩罚穷人:新自由主义政府下的无保障社
　　会》等。——译注
② 　Loïc Wacquant, "Territorial stigmatization in the age of advanced marginality",
　　Thesis Eleven(Nov. 2007), pp.66-77.
③ 　亚历山大·内哈马斯(Alexander Nehamas),希腊裔美籍哲学家,主要研究希腊哲
　　学和文学理论,著有《生活的艺术:从柏拉图到福柯的苏格拉底式反思》《幸福的承
　　诺:艺术世界中美的地位》《论友谊》等。——译注
④ 　Alexander Nehamas, *The Art of Living* : *Socratic Reflections from Plato to Fou-*
　　cault , University of California Press, 1998, pp.10ff.

他的思想是由色诺芬和柏拉图这两位哲学家才获得了不朽的地位。苏格拉底从未阐明他是出于什么原因才成为了苏格拉底。正如内哈马斯所说,苏格拉底"固执地对自身保持沉默"。

尽管在世界是什么样的、哲学有何责任等问题上,在政治取向和价值观等方面,存在尖锐而深刻的差异,现代最权威的思想家和他们的追随者,都选择柏拉图笔下的苏格拉底作为有意义、有尊严生活的典范。他们选择苏格拉底,是出于相同的原因:苏格拉底,尤其是早期与柏拉图对话的苏格拉底,这位古代先贤和现代思想的前驱,是一位真正"自我成就的人",一位自我创造、自我伸张的大师,但是,他却从未把自己选择的生活方式当作唯一有价值的、所有人都应当效仿的范本①。一些现代大哲学家推荐苏格拉底作为效仿范本,在他们眼中,"效仿苏格拉底"意味着自由、自主地创造自我、个性或身份,而不是复制苏格拉底的个性,或他人创造并操演的个性。按照"苏格拉底的方式"生活,意味着自我定义和自我伸张,意味着接受这样的事实:生活是一件艺术品,"创作者"②要为其优点和缺陷独立承担全部责任。

换言之,"效仿苏格拉底"等于坚定地拒绝模仿,拒绝模仿"苏格拉底"这个人或其他人,无论他们多么值得模仿。苏格拉底为自己精心选择、精心设计和辛苦培育的生活方式,或许对他来说

---

① 在《申辩篇》之后的晚期对话中,柏拉图的态度突然发生了大转变,开始劝诫人们不应只效仿苏格拉底对其所选道路的忠诚,也应效仿苏格拉底的选择。但是,内哈马斯认为,柏拉图试图说服读者的论点,即只有像苏格拉底一样献身哲学才算不辱没人生,充满漏洞,易于反驳,因此无法令人信服。这与大多数柏拉图学者的观点一致。

② 创作者是演员和作家合为一体,既是设计者,同时也是执行者。

再合适不过，但他的生活方式并不一定适合所有像苏格拉底一般注重生活的人。苏格拉底为自己建构了这种独特的生活方式，从始至终坚定不移地忠于这种生活方式。对这种生活方式的奴性模仿，是对苏格拉底遗产的背叛，对他所述要旨的违背——苏格拉底教导人们，应该首先听从自己的理性，应该具备个人自主性和责任感。模仿是复印机或扫描仪的功能，从模仿中永远无法产生原创的艺术品。正如苏格拉底所说，人的生活理应成为一件独创的艺术品。

就像画家和雕塑家一样，作为生活艺术的实践者①，我们不会满足于任何艺术作品，任何生活方式。我们中的所有人或大部分人，都会追求独特——独一无二、超越寻常，一种"绝对"。这是一种"终极"生活方式，比其他任何方式都更优越。它是完美的，再也无法精进，因为根本不存在或无法想象还有更优越的。我们倾向于追求一种包含了良好生活所需一切要素的生活方式，它将超越、矮化、贬低任何替代品。我们所追求的生活方式可能无法通过普遍有效性②的哲学测试，但是对作为追求者的我们而言，它毫无疑问是绝对的。

茨维坦・托多洛夫③告诫我们，"绝对"的寻求者和爱的追求

---

① 就算我们无法胜任生活艺术设计者的角色，我们至少都是生活艺术的实践者。

② 普遍有效性（universal validity）既是一个数理逻辑概念，也是康德道德法则的属性。——译注

③ 茨维坦・托多洛夫（Tzvetan Todorov），历史学家、哲学家、文学评论家，出生于保加利亚，后移居法国，是结构主义文学批评的代表人物和叙事学理论的奠基人，著有《启蒙的精神》《脆弱的幸福》《艺术或生活》等。——译注

者容易落入相同的陷阱，走上相似的歧路。①和普遍存在但实为谬误的信念和期望相反，"绝对"和爱一样，不会以现成的、召之即来的状态等候人们发现。"绝对"需要人们去创造，并为它注入生命。创造不是一蹴而就的。"绝对"只能以一种持久创造的形式存在，需要不断地被重新创造，日复一日，年复一年。"绝对"不是被寻获的，而是被制造出来的。寻求身份认同的人向往绝对，无论他们是否知晓，"绝对"的价值和吸引力在于自我创造的劳动。

的确，一个人可能会偶遇近乎绝对的完美。虽然不太经常，但人们梦寐以求的"绝对"可能以一件"被发现物"开始它的生命。它像其他的艺术品一样，需要不断去追求完美。若是减少了投入，放松了戒备，疏于关注和照护，这件"被发现物"也可能意外丢失。我们会选择某种"绝对价值"作为生活的指引，作为评判生活中成就的最高标准。它的影响力，不会高于我们对奉献的执着、对选择的坚持、对努力的决心。

托多洛夫做出了选择，并且自信地把这个选择推荐给读者。在他看来，一件成功的艺术品能提供的，或被期望提供的最大满足感，来自一种获得了真、善、美、爱的生活，或者至少是朝这个方向不断靠近的生活。换句话说，一种不断靠近普遍范畴的生活。这个范畴之所以值得渴望和努力，并不是因为其工具性，而是因为其本质。然而，矛盾的是，虽然我们做出这样的假定和声明（我们不能抛弃这些信念，否则上述范畴便会丧失其吸引力；我们必

---

① Tzvetan Todorov, *Les Aventuriers de l'Absolu*, Robert Laffont, 2006, pp.244-248.

须做出这样的表述，才能让自己的选择获得社会许可），但在这种情况下，我们真正追求的是"个人的绝对"。这显然是一个矛盾的表达，在逻辑上无法成立。"绝对"意味着普遍性[1]，因此它是超个人的，是非个人化的，所以"个人的绝对"是违反逻辑的。但是，正如托多洛夫所暗示的，无论它是否具有内在矛盾，是否应该依照逻辑原理将其弃之不用，"个人的绝对"（由个人所选择，是个人将它抬升到了最高价值的高度，选择者也要对此承担个人责任）却能够让我们将使人着迷、令人欢欣、充满愉悦、饱含意义、带来感官满足的生活，与堆满了无用之物、充斥着浅薄娱乐的生活区分开来。

无论从哪个角度来看，对生活艺术的思考最终都会通往自我决定、自我伸张，以及面对这个艰难挑战所必需的坚强意志。

正如杰出的小说家、生活哲学家马克斯·弗里施[2]在日记中指出的，"成为你自己"的艺术可以说是所有艺术种类中要求最高的一种，它意味着坚决拒绝和排斥他人强加或暗示自己的"身份"；意味着在逆流中，逃出海德格尔笔下"常人"[3]所施加的使人失能的控制。简而言之，它意味着"成为不一样的人"，而不是外界压力塑造的模样。弗里施丰富的文学作品，尤其是小说《能干的法贝尔》《施蒂勒》《我就用甘腾拜因这个名字吧》，可以作为这种主张的虚构化注释来阅读。

---

[1]　只依据那些你愿意它成为普遍法则的准则行动。

[2]　马克斯·弗里施（Max Frisch），瑞士小说家、剧作家，著有《能干的法贝尔》《施蒂勒》《蓝胡子》等作品。——译注

[3]　常人（das Man）是海德格尔提出的一个概念，指的是集体的、匿名的自我。常人的七个特征是从众、淡漠、平庸、敉平、公众性、不承担和适应感。——译注

弗朗索瓦·德·桑格利①曾对个体化社会最常见的生活体验进行总结，列出了会让每一位生活艺术的实践者陷入不安全感和持久犹豫的两难困境。②生活追求不可避免地在互不兼容，甚至截然相反的目标之间摇摆，比如：加入和退出，模仿和创造，遵循惯例和随心所欲。所有这些对立的事物都只是元对立的具体化，而元对立是最高程度的对立，是个人生活无法脱离的大背景。元对立是安全与自由之间的对立，人们热切地渴望着这两样事物，却极难调和二者之间的关系，也几乎不可能同时满足二者的要求。

生活艺术的产物应当是"身份"。然而，考虑到自我创造无法调和的对立，持续变化的世界，个体努力跟上生活条件变化导致的不稳定的自我界定，身份在内部不可能是连贯一致的；身份也不可能在某个时间点上显露出终局已定——这意味着再也没有改进的空间，也再不能激起改进的冲动。身份永远都处于生成的状态，它相继呈现的每一种形态都或多或少地受强烈的内在冲突影响。每一种形态都无法带来完全的满足感。每一种形态都渴望变革。每一种形态都缺乏可信度。

克劳德·邓巴③认为："身份无非是多样社会化过程的结果——稳定的兼暂时的、个人的兼集体的、主观的兼客观的、顺序

---

① 弗朗索瓦·德·桑格利（François de Singly），法国社会学家，著有《当代家庭社会学》《个体主义是一种人道主义》《双重自我》等。——译注

② François de Singly, *Les uns avec les autres. Quand individualisme crée du lien*, Armand Colin, 2003, pp.108-109.

③ 克劳德·邓巴（Claude Dunbar），法国社会学家，著有《职业社会学》《认同危机》等。——译注

性的兼结构化的。社会化过程在建构个体的同时,也决定了体制。"①然而,我们会发现,与不久前普遍持有的观点相反,"社会化"本身并不是一个单向的过程,而是复杂的、不稳定的产物,它产生了个体强烈的对自我创造自由的渴望与对安全的渴望的持续相互作用——依托参照性社群(共同体)的认可,进而是社会认可,才能获得安全。这两种渴望之间的矛盾不能长期地缓和,更难彻底消失。

德·桑格利准确地指出,对当今的身份认同进行理论建构时,我们最好不要使用"根"和"连根拔起"这样的隐喻。类似的隐喻还有"嵌入"和"脱嵌"。因为它们暗示了个人脱离血缘社群的保护是一次性的、终结性的、不可逆转的行为。我们应该转而使用下锚和起锚这样的说法。②

的确,和"连根拔起""脱嵌"这样的情况不同,起锚不是无法逆转的,更不是终结性的。根一旦脱离它生长的土壤,就脱水枯萎,植物因此而死去,不可能再恢复生命力。锚在拔起之后,会再次被抛出。无论远近,在不同的港口,下锚都是轻松、不费力的。此外,根预设并提前决定了长出植物的形态,排除了其他所有形态出现的可能性。锚只是辅助性设施,用于系附或脱离一个位置,对船的特征和性质没有丝毫影响。从起锚到下锚的这段时间,只不过是船航行轨迹中的一段。下一次会在哪一个港口下锚停泊,很大程度上取决于船运载的货物种类。不同的港口对于货

---

① See Claude Dubar, *La Socialisation. Construction des identités sociales et professio-nelles*, Armand Colin, 1991, p.113.

② De Singly, *Les uns avec les autres*, p.108.

物种类有着不同的要求。

　　总而言之,锚这个喻体捕捉到"连根拔起"缺少的内容,即在现代所有人、或至少越来越多的人的身份中,历史的连续性和不连续性交织在一起。类似于船连续或者间歇地停靠在不同港口,"参照性共同体"①中的人,在每一次停靠时都会拿出凭证接受检查和批准,而每个"参照性共同体"都会对应提交的凭证设置自己的标准。在大多数情况下,船舶记录和船长日志是审批所必需的文件。过往记录因为先前停靠点的增加而不断增长。每到一个新的停靠点,过往记录都要重新接受检查和评估。

　　当然,有些港口或共同体在检查凭证时并不死板教条,也不太关心来客过去、现在或将来的目的地。这样的港口或共同体几乎会放行所有的船或"身份",甚至是那些在其他多数港口或共同体遭到劝返的。但是,到访这类港口或共同体并不会带来太多的身份认同价值,因此最好避免前往。这是因为,把重要货物存放在这类港口或共同体不会带来增益,而是会带来麻烦。矛盾的是,自我的解放需要强大、挑剔、严苛的共同体作为工具。

　　自我创造是必需的,而且是一项不可避免的成果。但是,自我肯定更像是想象中的虚构,并被广泛谴责为自闭症或妄想症。那么,如果缺少了"肯定"这个最终环节和行为目标,为自我创造而付出的努力又能对个人的地位、自信和行动能力产生怎样的影响? 若要为自我创造的劳动画上圆满的句号,我们必须获得权威

---

① 在人们寻求承认和身份认同的终生旅途中,他们会向这些共同体提出加入的请求。

给予的肯定。权威指的是具有较高准入门槛的共同体，它的接纳之所以有意义，是因为它拥有拒绝接纳的权力。

让-克劳德·考夫曼①认为，在今天，"归属首先被当作自我的一项资源"。②他告诫我们不要将全部的"归属集合体"都看作"凝聚的共同体"，而是要将其当作个体化过程的必然伴生物。可以说，它们是一连串的站点，或者说路途中的驿站，标示出自我塑造和改造的轨迹。

"凝聚的共同体"这个概念是消逝的"全景敞视"③时代的遗产。它所指的，是在"我们"和"他们"之间划出清晰的界限且不断强化这条分界的组织化尝试。它试图让内外人员各居其所，并防止圈内人打破规则、违反惯例。总之，"凝聚的共同体"旨在强化统一性和行为约束力。这个概念隐含了对行动和改变所设之限制。"凝聚的共同体"本质上是一股保守的力量，维持现状、保持稳定、规设和维护惯例。它适恰于严格管理、密切监视和严肃执法的环境，但当前崇拜速度、加速度和新鲜事物，（往往）为了改变本身而改变，这样流动的现代世界并不与之相适应。

如今，过去"固态的现代"遗留下来的传统形式的全景敞视工

① 让-克劳德·考夫曼（Jean-Claude Kaufmann），法国社会学家，专注于微观社会学和日常生活研究，著有《单身女人与白马王子》《困在婚姻陷阱中的女性》等。——译注
② Jean-Claude Kaufmann，*L'invention de soi. Une théorie d'identité*，Hachette，2004，p.214.
③ "全景敞视主义"是福柯在《规训与惩罚》中提出的概念，灵感来源于英国功利主义哲学家边沁设计的全景敞视监狱（也称环形监狱，位于中央的监视塔能对四周的囚室一览无余）。由于囚徒知道自己正在被观察，所以会自我监督和自我审查，使权力机制持续不断地发挥作用。——译注

具,大多被部署在社会的边缘,其目的是阻拦被放逐之人重新回到消费社会的良善成员中间,并使得弃民无法作乱。我们将其错认为奥威尔笔下"老大哥"或者杰里米·边沁笔下"全景敞视监狱"的升级版本,实际上,这些工具恰好是其原型的反面:它们是为了排斥、"阻拦"而部署的装置,它们的功能并不是"凝聚""存留"和"维持秩序"。它们监视外来者的行动,使其无法成为或者伪装圈内人。由此,圈内人便能在内部感到安适。这种安适感觉的获得依赖于遵守内部规则,就只有少量监视且并无强制。

"主流"个体在其生命过程的某个阶段,都会拥护超个体的实体,但当他们跨越这个阶段,在下一个或下下一个站点停靠时,便会改变心意。这些超个体的实体,绝非过去的凝聚的共同体。它们不会监控边缘的人员流动,不会关注进入和流出边界的个体,也不会注意到个体"加入"或"离开"的决策。它们也不设立执行监控、登记和记录的部门。这些实体并不会将目前"归属"于它的个体凝聚起来,它们之所以形成并(以一种明显松散的、极易被破坏和复原的方式)"保持其完整性",是因为个体决定"加入"并"遵循其模式"。它们的形成始于个体加入决定的施行,而终于大规模的背离。

在当代的"归属"和传统"凝聚的共同体"之间,还存在着形式和象征上的重大区别。我想再次援引考夫曼的一句话:"认同过程的主要部分是拒斥他者。"①进入一个群体,就意味着离开或退

---

① Jean-Claude Kaufmann, *L'invention de soi. Une théorie d'identité*, Hachette, 2004, pp.212-213.

出另一个群体,将一个群体选为归属之所,便是把其他群体看作陌异的、具有潜在恶意的领域。"我是P"意味着(至少是暗示,但往往是明确表达出)"我不是Q、R、S或其他"。"归属"是硬币的一面,而硬币的另一面则是分隔和/或敌对。这总是会诱发群体之间的憎恨、敌意和公开冲突,在所有情形的"归属"、准入和投诚中都是如此。但在现代,随着身份构建朝着为了种种实用目的而进行的、终生未完成的身份认同过程转变,这种普遍特质已经发生了显著的变化。其中最重大的变化,或许是"归属实体"(entity of belonging)独断野心的消退。

如上所示,"归属"所涉之对象,与传统"凝聚的共同体"不同,没有用来监察成员献身之强度的工具,也无意要求成员具有并不断强化其坚定的忠诚和不二之心。在当下流动的现代性中,"归属"于一个实体,可能和以各种组合方式归属于其他实体同时存在、并行不悖,这并不必然招致谴责或来自其他实体的压制。从属关系不再像过去那样紧密,因为"从属者"的热情和精力与他们的党派精神一道,被其他同时存在的效忠所消解。如今,任何形式的"归属"都不会占据"全部的自我",因为每个人在其生命的任一时间点,都涉身于"多个归属关系"。部分忠诚或选择性忠诚,不再必然等同于不忠,更不再被视为背叛。

(文化)"混杂性"是指把产生且专属于相异、隔离族群的特性结合在一起。今天的我们对"混杂性"现象刮目相看,从将其视为降级的象征而加以厌弃或公然谴责,转变为一种美德、一种卓尔不群的标志。在新产生的文化优越性和社会声望的标尺上,"混杂者",无论"货真价实"还是自我吹嘘,往往占据最上等的位置,展示"混杂性"成为广受追捧的、在社会文化层面向上流动的工具。同时,在一套自我封闭的价值观和行为模式中故步自封、自我囚禁,愈发被看作社会文化层面的劣等或匮乏的标志。如今,"凝聚式共同体"大多,甚至是只出现在社会文化阶梯的底部。

这种全新的情形打开了前所未有的视野,让我们重新审视生活的艺术。自我创造的自由从未如此宽广,这在激动人心的同时也令人畏惧。我们从未像现在这般强烈地、迫切地需求方向指引和有益的指导。同时,牢靠的方向指引和可信的指导也从未像现在这样供应短缺(至少相对于需求之数量和迫切程度而言是短缺的)。

明确地说,当下有一个棘手的问题,那就是牢靠的方向指引和可信的指导之短缺。和这种短缺一同出现的,是诱人的建议和指导前所未有的数量激增(看似矛盾,却绝非偶然)。指南类书籍和大批咨询师潮涌般出现,一波比一波更甚。然而,这使得穿越误导性或欺骗性建议的丛林、寻找到可能实现目标的方向更为困难……

法国新当选的总统尼古拉·萨科齐(Nicolas Sarkozy)在 2007 年 6 月的一场电视访谈里表示:"我不是理论家。我不是意识形态拥护者。我也不是学者。我是一个具体的人。"[①]这种说法究竟意味着什么?

可以肯定的是,萨科齐不是在试图说明,有别于"意识形态拥护者",他没有坚决拥护某些特定的信仰,并坚决排斥其他信仰。

---

① Quoted from Elaine Sciolino, "New leaders say pensive French think too much", *New York Times*, 22 July 2007.

毕竟公众都知道,他有着鲜明的观点,坚信"思不如行",还在竞选期间呼吁法国民众"多工作,多赚钱"。他反复告诉选民,为了致富,应该更加努力地工作,并增加工作时长①。只要这样的宣称是真诚的,就符合意识形态的所有条件,履行了意识形态应有的职责:告诉人们应该做什么,并向他们保证,这样做会带来有益的结果。这类宣称还显示出一种斗争性的党派立场,排斥其他信念——这正是意识形态的标志性特征。

或许,就迄今我们对意识形态的了解,只有一个特征是萨科齐的人生哲学缺少的:一种社会总体的视野。涂尔干说,总体大于其部分的总和,它不同于一麻袋土豆,无法被还原为它所包含的独立单位的总和。社会总体,也无法被还原为在个人欲望和规则的指导下追求个人目标的个体的总和。相反,法国总统的多次公开声明正好是一种还原论观点。

大约 20 年前,有关意识形态终结的预言盛行,被人们广泛接受。如今看来,这似乎没有成为现实,未来也不会成真。然而,我们注意到,意识形态概念正在发生奇怪的扭曲。与悠久的传统背道而驰,当前,自上而下灌输的意识形态是这样的:从总体的角度出发构想"美好社会"是浪费时间,因为这与个人幸福和人生成功无关。

这种新型意识形态并不是私有化意识形态(privatized ideology)。"私有化意识形态"是一个矛盾的表述,因为意识形态的关

---

① 法国民众似乎认同这个主张,但至于它是否具有现实可行性,存在较大分歧。TNS-Sofres 公司的一项调查显示,40％的人相信工作可以致富,也有高达 39％的人认为通过彩票中奖致富也是有可能的。

键在于提供安全感和自信心，这也是意识形态具备吸引力的主要条件。如果缺乏广泛的公众支持，意识形态便无法满足这个条件。其实，这是一种个体化意识形态（ideology of privatization）。"多工作、多赚钱"的号召只针对个人，也只适合个人实践。它正在驱赶并替代过去的"为社会着想"和"关心社会"这样的呼声。萨科齐并不是尝试引发这个转变或使其进程加快的第一人，这个位置属于玛格丽特·撒切尔（Margaret Thatcher）和她令人难忘的宣言："社会这种东西并不存在，存在的只有个人和家庭。"

　　这是新的个体化社会中的新型意识形态。对此，乌尔里希·贝克写道，男女个体现在被期望、敦促、诱惑寻找解决社会性问题的个人化方案，运用个人的技能和资源独立实施这些解决方案。这种意识形态宣称，团结，即联合力量，让个人行动服从共同事业，是徒劳的——事实上会起到相反效果。它嘲笑为社会成员福祉负有共同责任的原则，谴责这是令人衰弱的"保姆国家"的配方。它也警告人们不要关心他人，否则会导致令人厌恶的"依赖"。

　　这也是为新的消费社会量身打造的意识形态。根据这种意识形态的描述，世界是一个充满了潜在消费品的仓库，个人生活是永不停息地寻觅合算的消费品，生活目的是最大程度地满足消费需求，生活成功是个体自身市场价值的提升。人们普遍接受并坚定地拥护这种意识形态，它用一句简短的"别无选择"否定了其他生活哲学。在贬低和压制了竞争对手后，用皮埃尔·布迪厄①

---

① 皮埃尔·布迪厄（Pierre Bourdieu），法国社会学家、人类学家、哲学家，当代最为知名的学者之一，代表性著作有《区隔》《社会学的问题》《普通社会学》等。——译注

令人印象深刻的说法，它成为真正的单一思想。

"电视真人秀"节目"老大哥"（*Big Brother*）格外受欢迎不是没有原因的。"真人秀"这个名称向我们暗示，屏幕外的真实生活和节目里竞争者在屏幕上呈现的故事是十分相似的。无论屏幕内外，生存游戏里的每一个玩家都有可能被淘汰；就算得到继续游戏的许可，也不过是暂时延缓了出局。对团队的忠诚是"直到另行通知"为止，也就是说，一旦团队无法进一步增进个人利益，它也就失去了存在的价值。有人会被排除在外，这是无可争辩的事实，唯一的问题是这个人会是谁。因此，重要的并不是废除淘汰①，而是把被淘汰的风险从自己身上转移到其他人身上②。在《老大哥》节目里，每周都必须淘汰某个人：这并不是因为某种奇异的巧合：定期地，每周会有一个人被发现不合格；而是因为，淘汰是电视所呈现"现实"中的一项规则。淘汰是事物的本质，是人存于世不可分割的内容，是一项"自然法则"。因此，反抗这条规则毫无意义。唯一值得思考的问题，是如何在下一轮的淘汰中留存。

至少，在地球上的富裕地区，激烈的个人竞争不再与肉体生存相关，或者说不再与满足生存本能的生物性需求相关。竞争也不是为了获得自我伸张的权利，不是为了设定自己的目标，决定自己喜欢什么样的生活。相反，行使这些权利是每个人的义务。除此之外，人们也认为，无论一个人遭遇了什么，这要么是他行使这些权利的结果，要么是他未能行使这些权利或拒绝行使这些权

---

① 废除淘汰是一个支持团结和联合行动的任务。

② 转移风险是一个促进自利的任务，会让团结变得毫无理由，甚至走向灭亡。

利的结果。未能行使这些权利是可恶的,拒绝行使这些权利是罪恶。于是,个人的任何遭遇,会在事后被解释为另一种证明,即个人对自己的困境或成功负有不可推卸的独有责任。

作为个体,我们正在实践的生活方式被预先解释为我们的个人选择。一旦被塑造为个体,我们就被鼓励寻求社会对我们生活方式的认可。"社会认可"意味着,个人实践的生活方式是有价值的、体面的,并因此得到其他有价值且体面的人的尊重。

社会认可的反面是剥夺尊严,即羞辱。在丹尼斯·史密斯①最近的定义中:"羞辱是有力推翻或否定特定个体……关于他是谁、来自并属于哪个群体所做声明的行为。"②换言之,羞辱就是外界直白或含蓄拒绝个人期望的对他的身份或他生活方式的承认,并因此剥夺他可能获得或曾经获得的权益。当一个人"通过言语、行为或事件残忍地得知,他不能获得自己所认定的身份"时,就会感受到羞辱,"羞辱是不公正、不合理、不情愿遭受推倒、压制、阻拦或驱赶的体验"。③

这种感受会滋生怨恨。在现在的个体化社会中,这可以说是一个人能感受到的最难平息的怨恨,也是冲突、异见、反叛和复仇最常见的诱因。拒绝认可、不予以尊重、威胁实施排斥,已经取代剥削和歧视,成为解释个人对社会产生怨恨的公式。

这并不意味着羞辱是一个新现象,只出现在现代社会的当

---

① 丹尼斯·史密斯(Dennis Smith),英国社会学家,著有《历史社会学的兴起》《齐格蒙特·鲍曼:后现代性的预言家》《埃利亚斯与现代社会理论》等。——译注

② Dennis Smith, *Globalization*: *The Hidden Agenda*, Polity, 2006, p.38.

③ Ibid., p.37.

前阶段。正好相反,羞辱的历史和人类的社会性和群居性一样漫长。然而,这意味着,在个体化的消费社会中,对于羞辱导致的痛苦和抱怨,最常见、最有说服力的解释已经转向个人。人们不再把痛苦和抱怨归咎于社会整体的不公平或失灵,也不再把改造社会作为问题的救济手段。个人痛苦越来越多地被归责于个人过错,以及对个人尊严的攻击,需要靠个人回应来解决。

当社会要求个人创造和采用个人层面的措施,来解决社会制造的痛苦时,个人会做出相同的反应。这一转变催生了以个人为中心的意识形态和与之相对应的期望,对社会造成破坏。在个体化意识形态的影响下,这种转变被看作、被"解释为"对个人的冷落和羞辱(就算没有任何针对性),它首先伤害的是自尊、安全感和自信心。受到影响的个人会感觉到被贬低,由于个体化意识形态认为,所有的痛苦和不幸背后都必定存在一个始作俑者,被贬低的感受最终会转变为一场狂热的搜查,其目的是找到施加贬低的罪魁祸首。冲突和敌意,就像它们的诱因——伤害一样,被视为是个体化的。有罪之人必须被找到,揭穿,公开谴责,并施以惩罚。在个体化意识形态之下,所谓的"他们"和"我们"一样,都是个体化的。

正如前文所述,身份认同问题是意识形态的内核。我是谁?我处于何种位置——在我熟悉的人之中,在我耳闻过的人之中,在我至今未听说过的人之中? 有哪些威胁会让我的位置不安全?谁会造成些威胁? 我应该怎样反制才能使那些人无力作恶,从而免受威胁? 人们认为意识形态能够以一种有力、权威的方式回答这些问题。如今,这些问题以一种新的面貌出现,重新摆在个体化社会的成员面前。

　　这种新型意识形态和曼海姆眼中的意识形态①(相对于乌托邦而言)一样保守。它把我们寓居于世的日常体验视为不可违抗的宇宙法则,把"法定个体"(individuals-by-decree)的视角当作判断世界状态的唯一视角。在我们之中,有些人拥有充足的资源和技能,在这个世界中如鱼得水。他们并不会注意到,个体化意识形态在所有"法定个体"心中种下了同样的期望,但是资源和技能的缺乏却导致一些人无法从"法定个体"转变为"事实个体",无法实现那些期望。期望和现实之间的鸿沟不断扩张。那些失败的个人必定要感受能力不足的耻辱,以及难以达到他人轻松可达到的标准而产生的耻辱。如果不是天生愚钝,又会被指责为懈怠、懒惰。这些个体一定会注意到期望和现实之间的差距,当他们落入失败的深渊并深陷其中,他们迟早会知道这一点。

　　和其他所有已知的意识形态一样,这种意识形态分裂了人类。此外,它也会分裂自己的信众,为一部分人赋能,使其余的人失能。它以这样的方式进一步加剧了个体化社会中的重重矛盾。这种意识形态也会掐灭和消除可能动摇它根基的力量,确保自己的社会苟延残喘,令改革的前景变得黯淡。

---

①　曼海姆眼中的意识形态概念与前文提到的世代概念紧密相关。在他看来,意识形态,具体来说是"总体的意识形态",是某个时代或某个历史社会群体的总体性精神结构,且与社会实际不一致。它是特定阶级或世代思想观念的普遍化,其功能是维护现存社会秩序和活动。——译注

补记：过去和当今的世代

　　"世代"中的个体具有共同的特征，且该特征为他们独有。世代范畴在我们所说的"大战"①之后诞生，并进入社会科学和公众话语。这不是偶然。正是在那时，奥特加·加塞特②对代际沟通和冲突进行了开创性研究。不久之后，卡尔·曼海姆③用这个全新的范畴指向具有独特世界观，能够、也倾向于独立地依照自身利益行动的"集体性主体"，并让世代范畴和另一个新概念"意识形态"携手，在研究界大放光芒。可以说，加塞特对世代范畴的发现和曼海姆对该范畴的经典化，是"大战"世代完成的世代性成就。

　　的确，自 1755 年地震、火灾和洪水肆虐并摧毁里斯本以来，地球上以"文明"自诩的那部分生命从未体验过能与"大战"相提并论的精神和道德冲击。面对席卷里斯本的灾难，正在萌芽的"现代文明"展开了与大自然的战争，这削弱并最终消除了人们长久以来对神圣造物智

---

① 我们很快就会发现这是有缘由的；20 世纪的"世界战争"中只有第一次世界大战可被称作"大"战，即使第二次世界大战的波及领土、破坏程度、残暴程度，都远超第一次世界大战。

② 何塞·奥特加·加塞特（José Ortega y Gasset），西班牙哲学家、评论家，著有《艺术的去人性化》《大众的反叛》等。——译注

③ 卡尔·曼海姆（Karl Mannheim），二十世纪著名社会学家、知识社会学的创始人之一，代表著作有《知识社会学问题》《意识形态与乌托邦》等。——译注

慧及其内在善义的信任。哲学家一直要求征服自然，将自然置于人的管理之下，这场灾难为他们的呐喊增添了极具说服力的论据：通过精心设计和监控，避免意外的发生，形成可管理的秩序，从而迫使自然在新的（人类）管理之下，正确地为人类利益服务。

"大战"灾难破坏了人们近两百年来对人造秩序的信念，建立在科学和技术基础上的秩序本该是智慧、有效的。"大战"灾难也让人们对另一个信念产生了怀疑，即新秩序比自然更有能力促进善良和正义。苏珊·尼曼[①]表示："如果启蒙运动是一种独立思考的勇气，那么它也是为人们所处的这个世界负责的勇气"，但是"人对恶的责任承担得越多，这个物种越不配承担恶的责任"。[②]"大战"毫无疑问地显示出，人类掌权的结果同样是任意的、不可预测的、盲目的，对人类的美德和恶习漠不关心，这和 200 年前人类对自然的控诉如出一辙。只不过，前者比后者更残暴，也更具破坏性。

"文明"的开拓者及其代言人的自信、傲慢一定受到

---

① 苏珊·尼曼（Susan Neiman），美国道德哲学家、文化评论家，著有《现代思想中的恶》《道德明晰》《为什么长大？》等。——译注

② Susan Neiman，*Evil in Modern Thought*，Princeton University Press，2002，pp.4-5. 在《现代思想中的恶》这本书中，尼曼把里斯本大地震和奥斯维辛大屠杀分别设为现代的起点与终点。她认为，前者是在前现代神学视野中应由上帝承担责任、人不过是无辜受难的自然之恶，而后者是应由人承担罪责的道德之恶，现代的降临伴随着人之于后一种恶的绝对责任。——译注

了巨大冲击。毕竟,欧洲是以一种前所未有的乐观态度迈进 20 世纪。几近所有事物都显示出好的兆头,而且一年更胜一年。广袤的土地和海洋卑恭地向欧洲的意志投降,显然,面对持枪或挥舞圣经的文明使者,除了摆脱偏见的枷锁,拥抱他们所宣扬的永远进步直至胜利的信条之外,别无其他选择。科学家每一天都在宣布突破了人类智慧和能力的极限。许多人的生活都变得更加舒适和富足。距离缩短了,世界变得不再难以跨越。时间跑得更快了,人们在单位时间里能拥有和享受更多令人愉快的馈赠。理性的王国,不可割裂的法律和秩序,就静静等在下一个路口。除了少数作恶者或怪人,没有人会抵制这股向着完美前进的不可阻挡的趋势。任何秘密怀有或滋生如此恶念的人,即使将其恶念付之于行,也必定一败涂地。整个社会从上到下好像都在变得更加开明,即便当下还有反对的声音,进展也不如人们希望的那般迅速,但在将来一定会完全实现。人的邪念似乎完全被驯服,他们行为变得更加温和,人与人的共栖也变得更加和平。人们通过发动战争来解决争端的意愿在逐渐减弱,取而代之的是对理性权威的接纳,对为更多人谋取更多幸福的认同。历史坚定不移地走在最初的道路上,至少表面如此。改变方向绝无可能,向后倒退更无法想象。

总而言之,文明的未来必将实现。世界在人类的手中是安全的，也一定会变得更安全。汉斯·哈贝①在他的小说《伊洛娜》(*Ilona*)中，生动地描述了当时的氛围：

> 1899 年的新年夜，当人们满怀喜悦地庆祝新世纪的降临时，他们并不知道自己在做什么。他们在欢庆雨水的到来，却丝毫不知这场雨不会停止，直到河水溢出河床，把草甸变为湖泊，"水面超过山顶十五腕尺"。他们从未想过，全部的雨水会在一天内降下，而是认为水会经过数年才会缓慢涨起。他们不曾怀疑，上帝会对 20 世纪心生嫌弃。他们为洪水举杯。

为洪水而庆贺……是的，突然之间，河水涌出河床，洪水开始泛滥，所有人都吓了一跳。人类记忆里规模最大的屠杀开始了。数百万人痛苦地死去，自黑暗时代最后一个异教徒被活活烧死之后，这样的事情闻所未闻。人体被刺刀戳穿，被弹片割碎，被坦克碾烂，在毒气里肿胀。在沼泽和战壕的泥潭里，仇恨、偏见、迷信的受害者，看着自己的身体慢慢腐烂，艳羡那些即刻死亡的幸运儿。从东普鲁士的沼泽地到索姆河的水域，文明及其征召的士兵一起，在欧洲各地开凿的战壕里缓慢、无情

---

① 汉斯·哈贝(Hans Habe)，出生于匈牙利的美籍作家，其最著名的作品是《以恶魔的名义》和《伊洛娜》。——译注

地死去。与文明一起死亡的，是这个世界舒适宜人的家园性。文明原本应确保它不受侵害。安全的世界沉没了，毫无复原的希望。它沉入鲜血汇聚的河流。人类的这些鲜血被轻率地抛洒，漫无目的。

　　恐怖显然来源于一系列的意外事件①和战争计划的混合反应。每一项计划都是由世界最发达地区装备最先进军队的顶尖专家，以科学的精准度构建，经过细心计算，消除了不合理性，以求对抗变得短暂，尽可能减少流血，迅速带来决定性的结果。但是，人为计划和人造意外混合后产生的结果，未出现在任何计划之中。没有人计划建造一座屠宰场，也没有人计划实施一场为期4年的相互屠杀。或许，这是"大战"启示中最震撼、最恐怖的部分。恐怖的事件并没有被规划、设计、预期，甚至被认为是不可能发生的。

　　事实证明，为完成计划外任务所采取的手段是错误的，毫无效率和作用。这并不是说计算是错的，症结不在于此。错误的计算可以进行修正，修正错误是一项有益的、符合理性的工作，因为人们倾向于从错误中吸取教训，降低未来意外和祸事发生的概率。症结在于一种观念：若拥有充足的知识和技术手段，就能够计算出未来，并确保目标的实现。因此，需要加强派去索姆河、凡

---

① 比如，萨拉热窝的第二次攻击是由一个沮丧的学生射出的子弹。皇室司机开错了去医院的路，作为刺杀对象的皇室成员本来想要前往医院看望和慰问第一次攻击中的伤者。

尔登和东普鲁士战场上送死的士兵的素质。与数百万士兵一起被埋葬和屠杀的,是欧洲的自信心,文明人对理性终将战胜狂热的信念,对历史之智慧和仁爱的信任,以及相信当下安全和未来有保障带来的放松感。

至于加塞特和曼海姆为何把他们和读者的注意力聚焦于世代在历史中所扮演的角色,我们很难完整重现他们的思想过程。但是,我们可以假设,如果没有"大战"的启示和它所引发的"身份认同危机",两人不会水到渠成地得出这样的观点。保罗·利科把"身份认同"这个现象分为两个部分:自身性(l'ipséité),即和其他人相区别的持续性特征;相同性(la mêmeté),即持续与自身保持同一。"大战"导致人们对身份认同的第二个部分产生了质疑。"大战"之前的"我","大战"之后的"我",还有从之前到之后整个过程中的"我",每一个"我"都操持着不同的语言。三个"我"中的任意一个都很难与其他二者无碍地沟通。杀戮的幸存者是否能够完全理解,甚至解释清楚他们大步走向屠场时的热情?如果他们理解了,他们又能否把这些知识传授给动员当日在群众广场上欢呼的我们?他们是否理解,如今易懂的事理为何在当时却难以想象?就算他们当时被告知这一切,他们也会把它当作恶意的谣言而置之不理,甚至可能处死给他们传递消息的人,这又是为什么?他们能否把自己付出巨大代价得来的教训,教给在凡尔登和索姆河战役之后出生的后辈?就算做出了这样的尝试,但后辈却因为错过了"对男子气概的伟大考验"和"最激动人心"和"塑造品格"的冒险而感到失望,他们能理解吗?

似乎,对欧洲人身份认同的"相同性"造成的冲击是一个决定性因素,促使"世代"概念成为分析社会和政治分裂最主要的概念工具之一。在主观经验中,生活被分割为两个迥然相异、无法互通的部分,成为这个客观分析范畴的原始素材。创造世代概念的实验室大概是"现在的我们"与"过去的我们"之间的对立。这个概念从主观经验的烧瓶中提炼出来,再制作成我们审视外在世界的透镜。它的作用是区分"我们"和"他们"。代际断裂和沟通中断的景象浮现于理解的尝试之中:理解个人生活支离破碎的体验,理解时间的断裂如何使熟悉的生活世界①崩解和消失,又如何以一个令人畏惧的陌生世界取而代之。在这个陌生的世界,我们缺少地图的指引。探索这个世界,意味着踏过无数随机的路径、经历无数充满风险的试验、面对无数可能致命的错误。

人之境况快速变迁。随着时间流逝加速,代际之间的距离被缩短,与之前相似、但明显更温和的断裂性主观体验会以更高的频次反复出现。毫不奇怪,代际分裂和代际沟通问题一旦被指明,就持续激发人们的浓烈兴

---

① "生活世界"(Lebenswelt)概念最先由胡塞尔提出,意为前科学的、具有自明性和可感知性的人类世界,它是经验性知识的来源。——译注

趣,从未减少作为话题的热度。不难推断,这两个问题在未来很长一段时间,将常驻于学术和日常语汇之中。

如今,我们身处一场真正的、永恒的革命之中。推动这场革命的,是现代化人之存在所有维度的执念,是颠倒"短暂"和"持久"、"即刻"和"长期"在现代"流动"阶段价值序位的冲动。尽管如此,代际分裂和代际沟通的概念并没有丧失其有用性,也没有停止被用于描述和透视当今人类的境况。有人说,这两个概念在我们世界观中的持续存在,和乌尔里希·贝克所说的"僵尸术语"①颇为相似,也和雅克·德里达所说的"被划掉"术语②异曲同工。但我会将之称为"回音词汇",因为它们在碰撞之后仍长久地回荡在空中……

的确,当前变化的发生速度十分惊人,至少在文化领域内是如此。变化接连不断,无处不在。变化的密度是如此之高,我们有充分的理由把划定新代际边界当作一个近乎每天都要进行的惯常活动,又或是完全相反,比之前进行的次数更少,间隔更久。肉眼可见的变化数不胜数,密集发生。在人们的经验和感受中,变化愈发成为人之境况的永恒特质,成为日常事件,不再超乎寻常;成为常态,而不再反常;成为规律,不再是例外。同

---

① 这类概念在语言中仍被使用,但其现实所指已经不复存在。
② 德里达反形而上学的一个主要术语"sous rature"意为"涂改、划掉、抹去",这样只留下"隐"。与"在场"比较,"隐"是"无",但并非虚无,"隐"是"涂改"所谓"在场"后留下的"痕迹"。——译注

时，经验的非连续性几乎是普遍存在的现象，对各年龄段的人群都会产生影响。在这样的情况下，代际边界的划定只能是任意的，每一次尝试都必定引发争议，即使不产生误导，它们也不会有助于理解社会。所得到的代际划分，是所选择数据统计方法的结果，并不是描述社会形态的可靠信息。

变化过于迅疾。新现象闯入大众意识，又旋即消失。这阻碍了经验的结晶、沉淀、凝固，使其无法转化为态度与行事模式、价值观与世界观，无法作为"时代精神"的持久痕迹被记录，并重塑为一代人独特而持久的特征。可被称为"剧变"的变化非常少。只有极少数的变化才足够突出，显示出代际断裂的存在，并成为一代人自我建构和自我伸张的原材料。

"剧变"必定涉及或引发一场短时间完成的大规模"价值重估"，并实质性重组价值层级。在人们眼中，原本适当、有效和值得称赞的规则、规范、模式，如今必须被当作是错误的、无用的，应该受到谴责。由于价值颠倒，过去作为一个整体，尤其是公众记忆里仍然鲜明的部分，会受到批判和拷问。过去的每一个正常元素都会受到质疑，并被判为有罪，直到它取得无罪证明——但永远还是会有人怀疑它的罪恶，无罪证明永远都不会实现，质疑也不可能完全得到平息。另一方面，过去曾遭到谴责或人们觉得应受谴责的事物，也会作为一个整体，先验地被判为无罪。就算没有更多的证据以佐证其价值,人们也会不假思索地接受这些在过去不曾受到承认的事物。

总之,在真正的"剧变"中,过去的价值判断遭到推翻,仅仅是因为做出这些判断的时间是如今受到人们非难和抵制的"过去"。经过改写后,美德变为恶习,成就变为罪行,忠诚变为背叛;反之亦然。对过去价值判断和实践的批判必须坚决而不留余地,因为刚刚起飞的未来笼罩在迷雾之中。人们对未来的形态毫无把握,唯一确信的是未来与过去不同,知道他们在黑暗中摸索时,几乎没有熟悉的地标来减轻心中的不安。当眼前没有指引前方道路的路标时,或许扭转遗存的路标会有所帮助——就算是方向完全相反,也能提供一些导向;就算是虚假的、不可靠的,也能获得对未来事件走向的控制感。尽管在剧变之中,人们没有任何先验的、可靠的标准(即未来到来、成为现在之后,有效力的衡量标准)去衡量未来的优势和成就,但是,只要把过去的缺陷改为优点,优点改为缺陷,凭借这种简单的权宜之计,就能立刻拼凑出一种可信的价值等级制度作为替代,形成一种精英管理模式以填补空场。

这样的"剧变"在我们的时代并不常见;又或者说,情况相反,"剧变"成了日常。几天之内,它在人们心中激起的兴奋或恐惧就会消散,下一个"历史性"或"革命性"事件迅速到来,在电视台主持人激动的宣布声中,在各类小报的头条里为人们所知。只不过,这些事件没多久也会成为陈迹,大众的注意力会飘向下一批"耸人听闻""前所未有"的事件。如今,"剧变"这个概念已经变得不重要。在任何一本光鲜的杂志里,都载有许多昨日未闻但注定产生革命性影响的事件,它们改变了一些聚光灯下人物的生活,也改变了每一位观看者的生活。

略显严肃地说,流动的现代世界处在永恒的革命之中,"固态"现代性时期的"单一事件"革命失去了存在的余地。如今,只有在事后回顾时,我们才能够谈论"革命"——回过头,我们才意识到,足够多的微小变化积累起来,会跨越量变的门槛,使人的境况发生质的变化。"革命"这个概念的原始所指已经消失,它的内涵也变得琐碎:如今,广告写手每天都在利用和误用这个概念,把所有"新颖的、改良的"产品称作是"革命性的"……

在接连不断、无处不在的变化之中,即便有某种影响深远的转变,如果它尚处于进行过程中,未完全结束,那么人们也很难,甚至完全不可能准确地把握这个转变的"剧变"本质。人们更无可能提前策划这样的转变,或者提前预知这类转变对社会的影响。但是,如果剧变发生了,它发生前后沉淀下来的生活经验必定截然不同。转变发生之前人们眼中的例外和对惯例的违背,在转变发生之后会成为常态。因此,"沟通紊乱"会成为代际断裂正在形成的首要表征。与其说这是"利益冲突"①,不

---

① 沟通问题在后期披上了这层意识形态的外衣。

如说这是两代人对哪些问题更重要、哪些问题更紧急产生的分歧,以及由于各自知识匮乏的领域不同、毫无交叉而出现的困难。对于一代人而言至关重要的经验,在另一代人那里却无法找到指涉对象;对一代人而言至关重要的议题,在另一代人那里却"不再适用"。

世代之间有着漫长的相互猜疑历史,往往会压缩为两个阵营——"年长者"(或成年人)和"年轻人"(未成年,或不愿成年)。人们能够轻易地将代际矛盾的前兆追寻到古代,但直到现代,代际矛盾才真正地到来。在现代,人们开始认为世界可以变得和过去不同,而人拥有实现这种改变的力量。在现代,世界变化的速度如此之快,足以让人在一生中感觉到"沧海桑田"。因此,"实然"和"应然"之间的差距显现出来,"美好的过去"和"更好的未来"这样的概念被创造出来,并进入哲学思考,以及大众对生活的认知。在现代,生于世界不断转变过程中不同阶段的人们,开始对他们共同度过的时间做出迥然相异的评价。在一些人的眼中,由于环境允许他们发挥和践行自己熟记于心、熟练掌握的技能和惯例,因此世界是让人感到舒适和惬意的;但另一些人看来,这样的世界却是怪异、惹人不快的。在特定境况下,一些人会感到如鱼得水,但其他人却会觉得不自在、困惑和茫然。一些人认为的"事物本质"或"行事之道",在其他人看来却是不合理的、愚蠢的、不公正的,甚至令人难以忍受。

　　结果，年长者和年轻人会以掺杂着误解和担忧的目光打量彼此。年长者担忧，后辈会破坏和摧毁他们本人以及先辈倍加爱护的传统；年轻人则会有一股强烈的冲动，去纠正前人所犯下的错误。两方都不满意于现状，并将自己的糟糕状态归咎于对方。在英国一份声望极高的周刊上，接连刊登了两份出人意料的相反控诉：一位专栏作家批评年轻人"愚笨、懒惰，身染恶疾，一无是处"；一位读者满怀愤怒地回应，称这些所谓懒惰、冷漠的年轻人实际上"知识渊博"，"非常担忧成年人造成的混乱"。①在这里，与无数其他类似的争议一样，双方产生分歧，是因为各自经验塑造出的不同视角会得出不同的价值判断，由此产生的争议无法"以客观方式"得到解决。

---

① 参见 *Guardian Weekend*，4 and 11 Aug. 2007。

第三章

选　择

　　渴望幸福所释放的能量会以向心力或离心力的形式出现。按照《牛津英语词典》的定义，"离心"意为"从中心飞离的动作或倾向"。"向心"与"离心"相对，意为"向中心靠近的倾向"。上述两条定义的"中心"是力产生和发出的地方，离心力会从中心"飞离"，而向心力则朝中心趋近。谈及追求幸福时，这个中心就是渴望幸福的主体。我们都把追求幸福当作挑战、任务和生活的策略，这个中心就是我们中的每一个人。

　　简单来说，我们所有人都面对的选择，可以用一句话概括：我对幸福的追求可以集中在对我自身福祉的关心，或者集中在对他人福祉的关心。拉塞尔·雅各比[1]在总结他与几代学生的交流经验时说："曾经，学生们梦想能扫除社会弊病；如今，就我的学生的情况而言，他们梦想到顶尖的法学院上学。"[2]

---

[1]　拉塞尔·雅各比(Russell Jacoby)，美国加州大学洛杉矶分校历史学教授，著有《最后的知识分子》《乌托邦之死》等。——译注

[2]　See Russell Jacoby, *Picture Imperfect*: *Utopian Thought for an Anti-Utopian Age*, Columbia University Press, 2005，p.148.

　　这两项选择的矛盾并不是必然的,两者可以在矛盾和冲突极少或完全不存在的情况下同时进行。只不过,向心力能够"独立运作",它的行动不以离心力的在场为必要前提;而离心力一定会与向心的作用同时出现。关心他人的幸福,为他人"行善举",也会让自己感觉"良好",增进关怀者本人的幸福感。在这种情况下,自私和利他之间的对立会消解。只有从向心力的角度出发思考问题时,这两种态度才会陷入不可调和的明显对立。

　　的确,只有在这种时候,"我为什么要对他(她)好?""对我有什么好处?""他(她)又为我做了什么,值得我的关心?"之类的问题才会出现。只有在这种时候,得与失、投入与产出、成本与收益之间的计量才会出现。只有在这种时候,人们才会忍不住问:"我的收益能不能弥补我的牺牲?"从向心的视角来看,离心行为中的智慧和好处是令人怀疑的,甚至会被贬低、蔑视和谴责为"南辕北辙"。

　　利己和利他位于生活之河的两岸,道德哲学家努力在它们之间架起桥梁。他们一如既往地寻找并搬出令人信服的证据,以求消除表面上的矛盾,无可辩驳、一劳永逸地解决争议。这些哲学家试图证明,遵守道德戒律符合人的"自我利益",为道德付出的成本会得到利益补偿,其他人会投桃报李、回馈善意。简而言之,关心他人、善待他人是自我关怀的一个重要的、不可或缺的部分。在这些观点之中,有些更巧妙,有些更权威,因此更具说服力。但是,它们都围绕着一个从未在经验中得到证实的准经验性假设展开,即"如果你对别人好,别人就会对你好"。

　　尽管做出了种种努力,我们仍然难以获得经验性证据,或者说,经验性证据不足以得出明确的结论。这种假设和许多人的个人体验不相符。人们发现,大多数的时候,自私、冷漠、愤世嫉俗的人包揽了所有奖励;温柔、心胸宽广、富有同理心的人,随时准备为了他人而牺牲自己的平静和舒适,要么一次又一次地被愚弄、藐视和怜悯,要么因为毫无理由(因为没有回报)信任他人而受到嘲讽。我们能轻易收集到足够的证据,证实大多数的收益往往都归自私之人所有,而关心他人福祉的人却总是遭受损失。如今,这样的证据日益增加。正如劳伦斯·格罗斯伯格①所言:"现在愈来愈难找到一个地方,在那里,我们可以对某件事有足够的关心,足够相信它的重要性。只有这样,我们才能真正地致力于它,让自己全身心地投入。"②格罗斯伯格创造出了名词"反讽的虚无主义"(ironic nihilism),用来描述某个群体的态度。在逼迫之下,他们可能会这样解释自己的动机:

> 我知道作弊是错误的,我知道我在作弊,但事情就是这样,这就是现实。人们知道生活和每一个选择都是一场骗局,这种认识深入人心,除此之外,不再有其他可能。每个人都知道他人在作弊,所以每个人都作弊。如果我不这样做,我会因为诚实而受到惩罚。

---

① 劳伦斯·格罗斯伯格(Lawrence Grossberg),美国文化研究学者,著有《文化研究的未来》《媒介建构:流行文化中的大众媒介》等。——译注

② Lawrence Grossberg, "Affect and postmodernity in the struggle over 'American modernity'", in *Postmodernism: What Moment?* ed. Pelagia Goulimari, Manchester University Press, 2007, pp.176-201.

其他人提出了更重要的异议，反驳道德哲学家的假设。比如：如果你是因为相信善有善报而决定与人为善，如果你殷切期盼的回报是你善举的动机，如果善待他人是计算可能的收益和损失而得到的结果，那么你的行事方式真的是道德立场的表现吗？还是说，它只是一种唯利是图的自私行为？此外，还有一种更深刻、更激进的怀疑：能否通过论辩、说服、商讨的方式决定"善是合理的"？与人为善究竟是不是理性决策的结果？是否能通过说理促发这种行为？善是可以教导的吗？对于这些问题，正反双方都提出了各自的观点，但是迄今为止，并没有出现无可争议的权威结论。陪审团还在决定……

在里程碑式著作《当光线穿透黑暗》(*When Light Pierced the Darkness*)中，尼查马·泰克[1]公布了她的研究结果。她的研究旨在找出，在纳粹对波兰犹太人的毁灭性打击中，有哪些决定性或积极性因素，促使旁观者冒着生命危险去拯救受害者。[2]与纳粹占领的欧洲其他国家不同，在波兰，协助犹太人藏匿，或未向警察检举邻居的这种行为，都会被判处死刑。许多人宁愿赌上性命去违抗纳粹及其帮凶，也不愿旁观男人、女人和孩子因为出身"错误的种族"遭受难以言说的暴行。作为一位训练有素、经验丰富的社会学家，泰克计算了出手相助的意愿、自我牺牲的准备与决定人类行为的所有通常因素之间的相关性。这些因素包括社会阶层、富裕程度、教育背景、宗教信仰和政治取向。结果令她和同事

---

① 尼查马·泰克(Nechama Tec)，1931年生于波兰，在波兰天主教徒的帮助下在纳粹大屠杀中幸存，后移居美国成为著名纳粹大屠杀研究者和社会学家。——译注
② Nechama Tec, *When Light Pierced the Darkness*, Oxford University Press, 1987.

大吃一惊,因为其中不存在任何相关性。没有任何统计显著的因素能够决定道德行为。就社会学所积累的知识而言,助人者和其他人没有任何不同,尽管他们行为的道德价值和行为结果的人道意义与大多数人的迥异。对于人在善与恶之间的选择,社会学无话可说。

2005 年 8 月 28 日,在歌德奖的颁奖典礼上,阿摩司·奥兹①发表了一番辛辣的评论。他说,对于社会科学家而言,

> 人的所有动机和行为都产生自环境,而环境往往是不受个人掌控的……我们受制于自身的社会背景。近 100 多年以来,社会科学家一直告诉我们,我们的行为只受自我经济利益驱动;我们只是民族文化的产物;我们只是自身潜意识的傀儡。

奥兹对这种观点表示反对:

> 我认为,每一个人在他或她的心里都能分辨善与恶……有时候,我们很难界定什么是善,但恶却散发着一股不会错认的臭。每个孩子都知道痛是什么。因此,每当我们刻意地向他人施加痛,我们会知道自己在做些什么。我们在作恶。②

———————

① 阿摩司·奥兹(Amos Oz),以色列当代著名作家,著有《一样的海》《我的米海尔》《忽至森林深处》等小说作品,具有极高的国际影响力。——译注

② Quoted from *Guardian Review*, 3 Sept. 2005.

这一次,自称掌握着可靠研究手段的社会学家,不得不向这位充满洞察力、远见和同理心的大师低头认输。他们必须如此,因为一旦涉及道德自我和伦理判断,社会学家熟知的决定因素及其统计学分布毫无用处。

为什么助人者宁愿加入受害者的行列,也不愿意紧锁大门,拉上窗帘,选择对他人的痛苦视而不见？唯一能经受住大屠杀史实证据检验的答案是,与具有相同教育背景、宗教信仰和政治取向的群体中其他大多数人不同,助人者别无选择。如果助人者不能拯救他人的生命,他们自己也无法苟活。保护自己的人身安全和舒适生活,无法弥补因目睹他人受难而产生的精神痛苦。如果他们本可以拯救他人,却优先考虑自身的福祉,他们也许永远都不会原谅自己。

获得他人的宽恕可能比安抚自己的良心更容易。1942 年 10 月,处死"向犹太人施以援手者"的恶法出台,那些惊骇于眼前非人道行为的人,可能会像其他许多人一样,把这条法律当作袖手旁观的(令人信服的)借口:"我真心地希望自己能够做些什么,但是我不能,否则我就会被处以极刑或者送往集中营。"这种说法诉诸大部分听众的"理智",然而其方法是逃避道德困境,而不是预先解决它。人们选择掩起耳朵,避免听到自己良心的呼喊。他们认定自己的生命比他人的生存更重要,同时也指望自私的众人能够坦率表示或至少默认对他们的赞同,以证实和巩固自己行为的正当性。然而,良心的发声可以被遮蔽,却无法被消除。

1987 年,在波兰杂志《大众周刊》(*Tygodnik Powszechny*)

上，扬·布隆斯基(Jan Błoński)教授发起了一场有关纳粹占领下波兰人和犹太人的关系的辩论。耶日·亚斯琴博夫斯基(Jerzy Jastrzębowski)回忆了家族一位老者讲述的故事。他的家族主动提出帮助藏匿一名旧友，却不愿对他的 3 个姐妹伸出援手。这名友人虽是犹太人，外表上却与波兰人无异，讲着一口地道的波兰语。他的那 3 个姐妹长得像犹太人，话音中也带有明显的意第绪腔调。只不过，那位友人拒绝了帮助，不愿成为唯一被拯救的人。对此，亚斯琴博夫斯基表示：

> 如果我的家族不做出这样的决策，我们所有人十有八九都会没命。在那种情况下，这位友人和他 3 个姐妹的存活概率可能会更小。但是，当家中老人向我讲述这段家族往事时，他不断重复着"我们又能做些什么？我们什么都改变不了"。他始终没有与我对视。他知道，尽管说的全部都是事实，我也能感觉到他在说谎。

在一部名为《多事之秋》(*Vremia Biedy*)的俄罗斯电影中，一名无助的老农妇在目睹纳粹的暴行之后，难以忍受，最终决定自焚。从燃烧的茅草屋里，传出她最后的微弱声音："原谅我，所有我无法帮助的人！"《塔木德》记载了一个广为流传的故事。一位圣徒牵着驮满粮食的驴走在路上，遇见一个讨食的乞丐。善良的圣徒匆忙去解袋子上的绳结，但是在他拿出粮食之前，饥饿已经夺走了乞丐的生命。圣徒绝望地跪在地上，祈祷上帝对他施以惩罚，因为他"未能拯救同胞的生命"。

读者也许会觉得，上述两个故事中隐含的道德标准"过高"或"不合逻辑"，甚至"不公正"，因为正义必须符合因果逻辑。在一般的法庭上，如果这两个人被指控犯有自己认为的罪名，他们肯定会被宣判无罪。但是，道德拥有自身的逻辑。在良知的法庭上，这两位英雄没有胜算。

为什么人们对相同情境的反应会如此不同，这在过去和现在都仍是一个谜。过去和现在的神学家、哲学家，无数的人文、自然科学领域专家，以及教育家和实践者，尝试破解这个难题，却徒劳无功。虽然结果令人失望，但也可能正因如此，这些尝试仍会继续下去。继续努力的动机或许各不相同，但每一种理由都令人无法抗拒。神学家需要理解公认的不可理解的事情：上帝造物和管理人间事务的智慧。如果能参透，它将揭示并证实神圣恩典、遵循戒律、虔诚、美德和幸福生活之间的联系，以及有罪的生活和痛苦的生活之间的联系。哲学家也不会容忍无法解释、难以论证的现象。只有找到某种逻辑，证实它们是凭空想象，或至少理解了它们的顽固存在，哲学家才会停下脚步。科学家和技术专家的立场相同，后者是前者的坚实臂膀，并愈发成为前者的灵感之源。他们想知道有哪些规律决定了生命和非生命的形态和行为，并希望在此基础上控制它们的形态和行为。他们认为，完全了解这些事物最终等同于完全控制它们。教育家的愿望，显然是让学生变得像一架调好音的钢琴，按下任何一个琴键，都会发出乐谱要求的声音，在任何时候都不会出现不和谐音。

《历史的终结》的作者弗朗西斯·福山（Francis Fukuyama）近

来提出，启蒙运动激发的极权主义梦想，以及自那时起便存在的根据人类的真正潜能创造（达到设计者蓝图中标准）"新人类"的梦想，既不是拙劣的构想，也不是无法实现。福山认为，这些梦想之所以失败，仅仅是因为它们超越了自己诞生的时代，实现的条件还没有准备好。集中营、洗脑和反射性操控是实现正确目的的错误手段，毫无效用，原始简陋，无法胜任。但是，当今神经外科手术、生物化学和基因编辑等领域进步飞速，这些手段可以实现有待完成的任务。终于，我们来到新人类纪元的门口。

　　福山的这个观点是否正确，仍悬而未决。但可以确定的是，由于科学技术的新成就，我们迎来一个新恐惧和新敌托邦的时代。新的恐惧和新技术科学带来的崭新前景势均力敌。奥威尔的《1984》和赫胥黎的《美丽新世界》（*Brave New World*）已经过时，米歇尔·韦勒贝克①的《一个岛的可能性》（*Possibility of an Island*）取而代之。

　　乌托邦（utopias）和敌托邦（dystopias）都致力于描绘当前发展的预定目的地。乌托邦呈现的道路尽头是一方和谐与秩序的乐

---

① 米歇尔·韦勒贝克（Michel Houellebecq），法国作家、诗人，著有《一个岛的可能性》《地图与疆域》《血清素》等小说作品。其中《一个岛的可能性》被翻拍为电影，由韦勒贝克本人执导，2008 年于法国上映。在小说中，厌倦了享乐主义的脱口秀演员丹尼尔加入一个用克隆技术实现永生的秘密教派，后人用他留下的遗传物质将他克隆。但是，所有的克隆人都没有情感和欲望，活在无尽的虚无之中。在读到丹尼尔 1 号，也就是他本人所写的一首情诗后，丹尼尔 25 号终于决心去寻找诗中有着爱情和他人陪伴的天堂般岛屿。——译注

土，是一个值得期待的目的地，应该尽可能靠近；在敌托邦的描绘中，这片土地只会是一座露天监狱，令人恐惧，应该尽可能远离，最好禁止进入。尽管这两种想象截然相反，但两者都假定，历史的轨迹会有一个终点，我们能够提前画出或预料它的位置。这种假定可能是现代思想的这两种精神产物进入贬义词库的原因：与空中楼阁、白日梦、梦魇、空想、异想天开、幻觉并列。无论是冠有"eu"这个前缀（意为美好之事物）还是"dys"这个前缀（指向坏的事物），这两种想象最终都会冠上"ou"这个前缀，而它的意思是"在任何地方都不存在"①。

　　看起来，我们走的路，包括所谓通向新人类的路，不存在既定的目的地，也不存在预定的终点——即使计算机辅助建立的道路模型具备至高的权威，乃至于万无一失，清除了所有人类的不确定性、不可预测性，以及自由意志、自由选择。无论科学找出的决定因素清单有多长，无论可用来管控这些因素的工具多么丰富，人类都顽固地沉迷于破坏现有规则和惯例，因违反预测、行为随机、无视规律、反复无常而闻名。总之，任何称职的管理者都会愤怒地表示，人的罪过是不具有可靠性。人被天赐和诅咒的一种品质是自由意志，他们不太可能放弃它，也不允许他人剥夺和压

① 乌托邦"utopia"一词分为前缀"u-"和"topia"两个部分，主体"topia"来自希腊语 τόπος，意为实体空间；前缀源自希腊语 οὐ，意为不存在。前缀"u-"和"eu-"发音相同，而"eu-"出自希腊语 εὖ，意为美好。于是，"不存在"和"美好"这重含义融为一体，使乌托邦成为了不存在于现实的完美之地的代名词。敌托邦是乌托邦的批判性衍生物，它的前缀是在希腊语中写作 δυσ 的"dys-"，意为糟糕的、不幸的。作者的意思是，乌托邦和敌托邦都是不存在地方，因此都可以冠以"ou"。——译注

制它。

　　并不只有人类是反复无常的,反复无常也是外在世界的标志。人类被抛入世界,试图在机会丛林里开辟自己的道路,并执着于这条道路。这既是他们的主观意图,也是出于外界的压力或期望。外界的反复无常通常被称为"意外"。令人懊恼的是,"意外"对人的计划和预测无动于衷、漠不关心。在一部名为《意外》的电影中,导演克日什托夫·基耶斯洛夫斯基①讲述了一个年轻人度过的三重人生。这三重人生都是从男主角试图跳上一列正在驶离车站的火车开始的。在一条故事线中,主角成功跳上了火车。在另一条故事线中,他没能跳上火车。在最后一条故事线中,他奔跑着尝试追上火车,直到在站台尽头,被一名警察拦下,带回警察局。他遭到逮捕,并面对非法入侵的指控。

　　在顺应这三场不同"意外"展开的人生里,唯一共同的特征是主角其人。三重人生的社会环境大相径庭,遵循截然不同的社会规范;主角生活在迥然相异的人群中,这些人群以完全不同的手段,追求着完全不同的目标。一位训练有素、完全接受常识的社会学家,会把每一重人生划归不同的社会类别,每个类别在政治、文化和道德等几乎所有方面都与其他类别不同。有一重人生展现的是一个政治迟钝的技术专家的人生轨迹。主角是一位全心全意照顾病患的医生,对医院围墙外的广袤世界毫不在意,只关心与职业和工作相关的事务。在另一重人生里,主角是一名激进的政

---

① 克日什托夫·基耶斯洛夫斯基(Krzysztof Kieślowski),著名波兰导演、剧作家,因作品《蓝白红三部曲》和《十诫》享誉世界。——译注

治活动家,全身心地投入党派领导交办的任务。第三重人生的主角是一名极少流露出感情的异见者和地下斗士,最终殉道而死。在短暂的瞬间里,从一名追赶行驶火车的年轻人的人生主干上,分离出三条全然不同的路线,并且三条路线再也没有交会的可能。

　　克里斯托弗·希钦斯①认为,乔治·奥威尔的政治文学只反映出一点:在任何条件下,奥威尔的性格,他的诚实和智慧,都会促使他做出正确的选择。这些选择,是希钦斯本人和下个世纪的主流观点支持的选择。②理查德·罗蒂③不同意希钦斯的观点。罗蒂表示,假设奥威尔"从一条不同的路线来到西班牙,在另外一条前线上作战,从来没有加入过马克思主义统一工人党的武装组织,以斯大林主义的视角审视发生在巴塞罗那大街上的惨案,那他也就没有机会写出《向加泰罗尼亚致敬》(*Homage to Catalonia*)。"

　　气象学家爱德华·洛伦兹④惊奇地发现,如果在北京的一个春日里,有一只蝴蝶扇动翅膀,到了秋季,墨西哥湾的飓风就有可能会改变轨迹。所以这意味着什么?人的生活完全由意外主宰吗?由无法预见,更不必说能避免、逆转、消除的意外主宰吗?我们的选择重要吗?简单来说,在我们生活的塑造过程中,我们究

---

① 克里斯托弗·希钦斯(Christopher Hitchens),犹太裔美国作家、记者、反极权活动家,同时也是一名马克思主义者。——译注

② Richard Rorty,"Honest mistakes", in *Philosophy as Cultural Politics*,Cambridge University Press,2007,p. 57;Christopher Hitchens,*Why Orwell Matters*,Basic Books,2002.

③ 理查德·罗蒂(Richard Rorty),美国哲学家,著有《哲学和自然之镜》《偶然、反讽与团结》《筑就我们的国家》等。——译注

④ 爱德华·洛伦兹(Edward Lorenz),美国数学家、气象学家,因提出"洛伦兹吸引子"数学模型和"蝴蝶效应"现象而著名。——译注

竟是球杆、球手，还是台球？我们是主体，还是对象？

《窃听风暴》（*The Life of Others*）是弗洛里安·亨克尔·冯·多纳斯马克（Florian Henckel von Donnersmarck）执导的一部电影。电影里的人物不得不聚集在一个极权国家中不起眼的小角落。在这个国家里，所有地方都受到监视；任何自由选择都会因为其背后的自由意志，被视为对国家犯下的罪行，受到相应的惩罚。剧作家、导演、演员等剧院艺术家都住在这个小地方，他们的职业性质决定了他们是想象力、创造力和自由选择的化身。只不过，在这里的不只有他们。就算是在最隐秘、最私人的时刻，他们身旁也总是有人做伴："老大哥"永不入眠，"老大哥"的眼睛总是在监视，"老大哥"的耳朵总是在聆听。在"老大哥"的恩宠和羞辱、喜欢和厌恶的游戏中，这些动作伪装成意外进入艺术家的工作室、舞台和卧室。类似的意外过于频繁，这些艺术家根本无力应对，更不必说抵抗。这是一个狭小的场所，是恭顺者和冒险家、野心家和斗士共享的地方。这些艺术家在秘密警察的文件里穿梭。他们别无选择，只能像桌上的台球一样，被推向哪里，就去往哪里。他们遵从为其分配的社会类别的预定行为方式，并承受其中的后果。情况当真如此吗？

在这部电影里，主要人物都聚集在一个狭小的地方，但他们之间的共同点仅限于此。其中，一位人物是被列入黑名单的导演，他选择遵从良知和艺术理念，自杀身亡，不愿以谎言和背叛的代价换取从业所需的工具和创作许可。另一位人物是剧作家，是受到"老大哥"偏爱的榜样知识分子。他选择获得出版和表演的许可，获得掌声、名誉和无数国家奖项。为此，他放弃说出真相，也放弃了随之而来的快乐。第三位人物是广受喜爱和崇拜的女演员。为了能够留在舞台上继续演出，她做好了出卖身体并揭发其他演员的心理准备。在"名誉扫地"的威胁之下，她向审问者交代了剧作家藏匿打字机的地点。剧作家正是用这台打字机写出了一本批判国家暴政的宣传册。一旦打字机被发现，它将作为证据，把爱着女演员、也为她所爱的剧作家送入死牢。然而，女演员的审问者，一名看似冷酷的审讯专家，出于对将被毁灭的爱的同情，秘密地转移了罪证，避免了悲剧的发生。在自杀之前，那位被列入黑名单的导演将他从未上演的作品《献给好人的奏鸣曲》（*Sonata for a Good Man*）当作告别礼物送给了他的剧作家朋友。在这个由国家安全局巩固的政权倾覆之后，剧作家把他的同名新作献给了昔日的审讯官，因为对方当时选择的是人性，而不是服从和事业。

任何艺术家在把自己的想象刻画下来的时候，都要与材料施加的阻力作斗争。任何艺术作品都留有这种斗争的痕迹——胜利、失败、被强迫，或令人羞愧的妥协。生活艺术家以及他们的作品也不例外。生活艺术家的雕刻工具是他们的性格。托马斯·哈代说"性格决定命运"，[①]他正在指向这一点。意外是命运的游击队。命运和意外共同决定了生活艺术家将面临哪些选择。但是，性格最终决定了他们做出何种选择。

在环境的影响下，有些选择更可能发生，但性格藐视这种

---

① 托马斯·哈代（Thomas Hardy），英国作家，著名代表作有《德伯家的苔丝》《无名的裘德》等，作品多带有一定悲观的宿命论色彩。——译注

可能性。在性格面前,意外及其背后的操纵者,无论是真正的,还是假定的、疑似的操纵者,会失去它被认为的、或它宣称拥有的至高能力。在顺从接受和大胆反抗环境压力之间,站立着性格。正是女演员的性格把通过了可能性测试的选择交给一项更苛刻的考验,即可接受性测试。1517 年 10 月 31 日的诸圣节前夜,马丁·路德(Martin Luther)将 95 条论纲张贴在维滕贝格教堂的大门上,高声宣布:"我别无选择"。驱使他这样做的,也是他的性格。

克努德·勒斯楚普①是 20 世纪最具洞察力的道德哲学家之一。在他看来,道德②的希望在于它的前反思自发性(prereflexive spontaneity):"慈悲是自发的。如果为了实现其他目的而掺入一丝迟疑、一丝算计、一丝不纯粹,都会将它完全败坏,将它转变为对立面上的无情。"③

"我为何要遵从道德?"必定会引出"对我有什么好处?""她或他对我做了什么,值得我的关心?""如果其他大部分人都不在乎,我为什么要在乎?"或"其他人为什么不能做,非要我来?"等一系列问题。伊曼努尔·列维纳斯④是 20 世纪另一位伟大的道德哲

---

① 克努德·勒斯楚普(Knud Løgstrup),丹麦哲学家、神学家,其思想融合了现象学、伦理学和神学,代表作是《道德要求》(The Ethical Demand)。鲍曼是勒斯楚普在英语哲学和社会学界的主要评论者之一。——译注
② 也就是关心他人;如果要求再苛刻一些,就会更接近道德的本质:为他人而活。
③ Knud Løgstrup, *After the Ethical Demand*, trans. Susan Dew and Kees van Kooten Niekerk, Aarhus University, 2002, p.26.
④ 伊曼努尔·列维纳斯(Emmanuel Levinas),法国哲学家,胡塞尔和海德格尔思想上的后继人,著有《从存在到存在者》《总体与无限》《时间与他者》等。——译注

学家。他坚定地认为，"我为何要遵从道德？"不是道德行为的出发点，反而标志着道德即将崩塌和死亡。在列维纳斯眼中，所有的不道德都始于该隐的发问"我岂是我兄弟的守护者？"他要求得到"证明"，证明关爱他的兄弟确实是他的义务。他也认为，只有在更高权力的吩咐之下，只有违命者会遭受惩罚的时候，关爱才会成为义务。勒斯楚普相信自发性，相信人拥有信任他人的本能冲动，不会去计较个人得失。因此，列维纳斯的观点一定会得到他的赞同。

这两位哲学家似乎都承认，对道德的需要，或道德的合理性，不能也不必经过论证，更不需要得到证实。此外，"对道德的需要"这个表达本身是矛盾的，应该弃之不用，因为满足"需要"的事物不会是道德。他们也都同意，如果为他人利益而采取的行动不是无私的，它也就不是道德的。行为之所以道德，是因为它是不经算计的、自然而发的，往往也是不加反思的人性的流露。

史蒂芬·图尔敏①认为，当行为符合一项"普遍原则"时，它就是道德的。②勒斯楚普对此表示反对："如果我在承诺好的时间点把借来的书还给约翰，而我这样做的动机不是为约翰考虑，而是因为我信奉应该遵守承诺的普遍原则，并决心依照这个原则去

---

① 史蒂芬·图尔敏（Steven Toulmin），英国哲学家，曾在作品《论证的使用》中提出著名的"图尔敏论证模型"。——译注

② Stephen Toulmin, *The Place of Reason in Ethics*, Cambridge University Press, 1953，p.146.

生活,那么我的行为不是道德的,而只是道德主义的。"①道德行为不服务于任何目的,也必然不是出于期望获得利益、慰藉、名望、赞誉或任何形式的自我提升。虽然行动者对利益的计量一次又一次地驱使他们做出客观上善好、有益且有用的行为——无论是为了争取神的恩典,为了获得公众的尊重,还是为了摆脱罪孽、获得上帝的宽恕,但这些行为不能被归为真正的道德行为,因为它们的背后都存在动机。

勒斯楚普说,在道德行为中,任何"隐秘的动机都被排除在外"。生命的自发表达之所以激进,正是因为"不存在隐秘的动机"——其中最主要的是获取收益和避免惩罚的动机。这是道德要求必须保持沉默的一个重要原因。道德的"客观"压力,源自我们活着并与其他生命共享地球的事实。违反命令会遭到惩罚,因为害怕惩罚而遵从命令,并不是道德行为,也不是道德要求的本意。遵从不是道德,即使它带来了善举。道德之中不存在"必须",既没有命令,也没有强迫。道德行为本质上是自由选择,是自我行动自由的表达。不自由的人不会成为"道德的人"。矛盾的是(也可能不矛盾),追随道德要求意味着忘记它的强制力。追随道德要求,意味着只考虑他人的利益。

人与人的直接接触以生命的直接表达作为支撑,它不需要,也无法容忍其他支撑方式。道德要求是沉默的,它从不说出对他人的关心应该采取何种形式。道德要求的力量寓于含蓄和缄默

---

① Knud Løgstrup,*Beyond the Ethical Demand*,University of Notre Dame Press,2007,p.105.

之中。正因如此，它不会发出命令，不会威胁施以惩罚，不会把道德行为降格为对至高权力的服从。这一次，列维纳斯会毫无保留地赞同勒斯楚普的观点。列维纳斯反复强调，他人要求我们给予关照，凭借的不是力量，而是脆弱。也就是说，他人无法并且/或者不愿命令和强迫我们满足他们的要求。我们不是被更高权力强迫采取道德立场的。最终，由我们，也独有我们来决定，在面对"他者面孔"①的挑战时，我们在震动之下如何承担起对他人的责任。理查德·A.科恩（Richard A. Cohen）是列维纳斯与菲利普·内莫（Philippe Nemo）对谈的翻译者。他总结道："伦理并不具有存在必要性。禁止杀戮不会消除谋杀的可能性，但会使之成为一种恶。"伦理的"存在"只是意味着"搅乱存在的自鸣得意"。②

在实践中，这意味着，无论人们多么憎恶听从自己的想法、独自承担责任，但在这种孤独之中存在一种道德共同体的希望。当然，这只是希望，不是必然，更不是有保证的必然。就算在统计趋势里，它也没有太高的可能性。

生命表达的自发性和自主性无法保证我们在善与恶之间做出合乎伦理的、值得称许的选择。在不确定性和非强制性的环境中，正确和错误的选择都会出现。同样会出现的还有逃离的冲动，即怯懦地逃向具备惩罚手段的权力以乞求庇护。这种权力可以提供命令，将人们从责任中解放出来。此外，还会出现承担个

---

① 他者面孔（the face of the other），亦作"他者之脸"。列维纳斯认为，他者的面孔一方面是他人存在的确证，一方面向我发出言谈的召唤和悬求，为作为主体的我带来无法拒绝的伦理责任。——译注

② See Emmanuel Levinas, *Ethics and Infinity: Conversations with Philippe Nemo*, trans. Richard A. Cohen, Duquesne University Press, 1985, pp.10-11.

人责任的果敢,即使面对把责任转移给代理人的诱惑,甚至是转移给具有更高权力代理人的诱惑,仍不为所动。如果一个人不为做错选择的可能性做好准备,那么他就不可能在追寻正确选择的道路上长久坚持。不确定性不是道德的主要威胁,它是道德人的家园,是道德能够发芽和生长的唯一土壤。

在如今去管制和私有化的体制下,"免除责任"的承诺和实践与现代早期的情况基本相同。无论是过去,还是现在,人们都会为迷雾一般的境况注入一丝确定性,会用一套规定什么"必须做"、什么"不能做"的准则驱除(更准确的说法是掩盖)复杂性。无论是过去还是现在,个体行动者都被强迫、怂恿或哄骗,要求他们相信权威,让权威来决定或宣布在某个情况下应该做什么,以及无条件责任的边界在哪里。策略保持不变,但使用的工具却不同。

责任和负责任的选择这两个概念,在过去属于关心他人需要的道德义务范畴,如今进入自我满足和计算个人承担风险的领地。现在,这两个概念都服务于向心的、自我指涉的关心。在这个过程中,"他人"不再是责任的触发因素,不再是责任指向的目标,不再是衡量行动责任性的标尺,行动者的自我取代或者遮盖了"他人",使"他人"完全淡出了视野。如今,"责任"首先意味着对自身的责任。"你值得这一切""这是你欠自己的",大肆宣扬"免于承担责任"的人往往会重复这样的说法。同时,"负责任的选择"完全指向了符合行动者的利益、满足行动者欲望的行为,避免了妥协的需要和自我牺牲。

这个结果类似于现代固态阶段官僚制度施行策略所得到的

道德中立化（adiaphorizing）效应。[1]这种策略的内容是用"向……负责"（行动起源是上级、权威、"崇高事业"及其代言人）取代"对……负责"（行动对象是他人的福祉、自主性和尊严）。如今，实现道德中立化效应的方式是用"向自己负责"和"对自己负责"的集合体来取代"对他人负责"。在向现代性流动阶段盛行的消费自由跃迁的过程中，作为伦理责任和道德关切对象的他人，成了连带牺牲品。

　　柯莱特·道林[2]曾在二三十年前创作了一本极具影响力的作品，精准地把握了大众情绪的曲折变化。在这本书中，道林指出，对安全、温暖、关爱的渴望是一种"危险的情感"。[3]她告诫新时代的灰姑娘，勿落入陷阱：在关心他人的冲动和受到他人关心的渴望中，隐约出现了依赖的可怕危险，会使人失去选择当前最适宜冲浪位置的能力，以及在海潮变换方向时迅速从一个波浪转向另一个波浪的能力。阿莉·拉塞尔·霍赫希尔德[4]对此评论道："她对依赖他人的恐惧，让人联想到美国牛仔。牛仔是孤独的、超脱的，牵着他的马自由漫游……在灰姑娘的形象消失之后，

---

①　"adiaphorizing"的词根是"adiaphora"，希腊语写作"ἀδιάφορα"。该词本意为"没有逻辑上的差异"和"不可区分"。道德中立化是指把行为变成道德中性的，免受道德评价和审查。这个术语由中世纪时期基督教会所使用，最初意为一种之于宗教教义是"中立"或"无涉"的信念。在这里，我们引它的比喻义，意为非道德的，即不作道德判断，与道德意义无涉。——译注
②　柯莱特·道林（Colette Dowling），美国作家、心理治疗师，因 1981 年出版的畅销书《灰姑娘综合征：女性对独立的潜在恐惧》而出名。"灰姑娘综合征"指的是女性畏惧独立、渴望拯救和依附男性的心理倾向。——译注
③　Colette Dowling, *Cinderella Complex*, PocketBook, 1991.
④　阿莉·霍赫希尔德（Arlie Russell Hochschild），美国社会学家，代表作有《故土的陌生人》《心灵的整饰》《职场妈妈不下班》等。——译注

后现代的女牛仔形象崛起了。"当今最受欢迎的情感咨询畅销书"在读者耳边轻声低语：'在投入情感之前要小心'……道林告诫女性，要把自我当成一项独立的事业加以投资"。

> 亲密生活的商业精神是由想象构成的，这种想象为一种不信任的范式奠定了基础……一个保护自己不受伤害的理想自我……自我能够施行的英雄主义行为……是疏离、离开，是更少地依赖和需要他人……在当代许多时髦的书籍里，作者都会让我们做好心理准备：其他的人不需要我们的关怀，也不会，或不能给予我们关怀。①

在消费主义乌托邦描绘的全景图中，世界中不会出现更多关心他人的人，人们也不会在劝导之下更多地去关心他人。这种个人化的乌托邦，充斥着男性牛仔和女性牛仔，夸耀自己巨大的"自由空间"——"我自己的自由"。与此同时，这片空间设有门禁，不请自来者和不受欢迎者都无法进入。现代消费者决心成为其中唯一的角色，总是需要更多，永远不感到满足。不仅消费者需要这样的空间，周围的声音也会建议、怂恿和鼓励他们去争取这样的空间。但是，为了获得和拥有这样的空间，人们只能驱逐和贬低其他人，尤其是那些愿意关心他人的人，以及需要受到他人关心的人。

如今，消费市场取代固态现代时期的官僚制度，成为实现道

---

① See Arlie Russell Hochschild，*The Commercialization of Intimate Life*，University of California Press，2003，pp.21ff.

德中立化的主力军。它所要做的,是从"与……共存"中清除"为……存在"的可能性。列维纳斯表示,"社会"不像霍布斯所说的,是一个通过改造或压抑自私本性,实现天生的利己主义者和平共存的装置;相反地,它会减少"他者面孔",即人类共存这个无法规避的事实所引发的对他人的无限责任,让天生的道德人产生"向心的"关切,使他们过上一种自我中心的、自我指涉的、自利主义的生活。

> 我们迫切地需要知道,现在我们所说的社会,究竟是产生于对人与人之间弱肉强食原则的限制,还是完全相反,是产生于对"人为他人而存在"原则的限制。社会制度、普遍法则,究竟是来源于对人与人之间战争的限制,还是来源于对人与人之间道德关系开启的无限性的限制?①

当前,人们并没有被迫自我封闭或撤出世界。正好相反,个人从忠诚和义务的密实网络中解脱出来。这种牢固网络或是继承而来,或是人工编织。被解放的个人前所未有地向外部世界开放。这种新的开放性将外部世界塑造为一个巨大容器,充满无限的可能性和机遇。个人究竟是得到还是失去这些可能性和机遇,是享受其中还是哀叹其逝去,取决于个人的技能、才智和努力。因此,这个世界既是一个激动人心的冒险之地,也是一片充满可怕危机的黑暗荒野②。这个世界既是好奇和渴望的对象,也是恐

---

① Levinas, *Ethics and Infinity*, p.80.

② 失败的风险和随之而来的耻辱感,可以说是其中最为可怕的。

惧和逃避冲动的来源。

总之，不约束离心力，会引发无法估量的风险。但是，完全将其压制，只遵循向心的冲动，也并不明智。任何一个选择都不会令人满意，也都会产生可怕的、令人反胃的副作用。在这两个极端之间取得平衡不是一件容易的事，摆脱这两个极端的道路还有待人们去开辟。人生路线会在具有同等诱惑和危险的两种倾向之间摇摆，如果采用一个比喻，那就是厌食和贪食（更多相关内容请参见第152页"补记：作为生活选择之原型的进食行为"）。

全新的开放性拓展了个人享受的机遇和前景，但迄今为止，它没有增加个人对世界可能性和前景的责任感。"猎人"这个比喻准确地反映出这种趋向，正如"猎场看守人"对于前现代时期的主流趋势来说是一个恰当比喻，"园丁"这个比喻匹配了现代固态阶段主流的社交压力，以及受到推崇的生活策略。

猎人不会耗费太多的时间去刷洗、擦亮、翻修自己的家。猎人迫不及待地想出去。他们喜欢开放空间，只有在外面，在人迹罕至的广袤土地上，他们希望寻获等待被发现的幸福。这种追求幸福的方式引导他们进入广阔的世界。那么，猎人对幸福的追求能释放出离心力吗？它会让猎人不断地前行吗？在某种程度上，答案是肯定的，但需要加上一些条件。就像传说中点物成金的米达斯国王①一般，猎人所接触（或看见，希望看见的）的一切，都会变成吸引人狩猎的猎物。猎人眼中的世界是一个狩猎场。

---

① 米达斯，也译作迈达斯，希腊神话中的弗里吉亚国王。酒神狄俄尼索斯为了报答米达斯救其老师之恩，让米达斯获得了点石成金的本领。——译注

也就是说,这是离心力的一个变体,但是它并不是向外追求幸福会产生的唯一离心力。无论是刻意设计,还是自然设定,任何一种离心力都会反弹回"中心"。每一种离心力都由对幸福的渴望引发。无论有意还是无意,每一种离心力也都为部署它或它指引之人的幸福服务。无论在哪一种离心力中,自私动机和利他动机的界限都会变得模糊,甚至完全消弭。但是,在"为他人而存在"这种离心力中,我们可以把向心力看作一种意料之外、失去焦点的副产品,或者一种溢出。驱动猎人前进的离心力,似乎是主动选择和积极追求向心力的主要产物。事实上,它是向心力的一种反向延伸。

向心力和离心力是从共同的主干——追求幸福的冲动上分离出来的,两者之间的对立并不是非此即彼的。只有在抽象模型中,两者才能得到清晰的区分。在生活实践中,两者很少会独立出现,往往同时存在。只不过,追求幸福的行动者需要在对立的两者之中做出真诚的选择。无论是刻意还是意料之外,这个选择会决定,未被选择的力将显露,还是近乎消失,以及它会以何种形式存在。行动者必须担负起选择的责任。

本章其余部分将尝试构建一个框架,以囊括人们追求幸福的策略,以及可能产生的相关责任。弗里德里希·尼采和伊曼努尔·列维纳斯分别作为向心极和离心极的代言人。在两极之间的连续体上,我们可以形象地看到选择和实践处于何种位置。

《瞧!这个人》(*Ecce Homo*)没有为读者留下可供想象的任何空间。与尼采的其他作品相比,这部作品最接近"逻辑严密的自传"。尼采在书中向公众宣布了这部作品的本意和重要性,用他的话来说,是对他的"见证"。他直接斥责"(他的)伟大事业和同代人渺小性之间的悬殊差距"。这种差距表现为:他"既没有被听到,也没有被看到"。

请注意,这些话是他在 1888 年的秋天写在纸上的。120 年后,社会显然已经足够"成熟",能倾听、关注和喜爱它所收到的一切。在这样的社会中,尼采大概不会发出上述抱怨。他为这个社会提供了适用于叙述它的心境和意图的先锋词汇。他在 1888 年说"我的时代尚未到来。有的人死后才生"①,事实证明的确如此。尼采显然不相信他的同代人能看到他未被发现的伟大,于是,数页之后,尼采宣布,《查拉图斯特拉如是说》是他最出色的一部作品:"史上最伟大的书","也是最深奥渊博的","一口取之不尽、用之不竭的井,提起的水桶每次都满载金银和至善"。他写道,他已经赠与人类"有史以来最伟大的礼物"。审视自己的一生,尼采总结道:

> 我清楚我自己的命运,总有一天,我的名字会让人想起一些可怕的事情,想起世上前所未有的危机,想起最深层的良心冲动,想起被激发的决定,去反对迄今被信奉的、被需要的一切神圣。我不是人,我是炸药。
>
> 我的命运注定我会是第一个可敬的人……我是第一个发现真理的人……②

---

① Friedrich Nietzsche, *The Antichrist*, trans. Anthony M. Ludovici, Prometheus Books, 2000, p.1.

② Friedrich Nietzsche, *Ecce Homo*, trans. R. J. Hollingdale, Penguin, 2004, pp.5, 96-7.

那么,尼采发现的"最伟大的真理"究竟是什么? 为何它的发现会让人类陷入一场前所未见的危机,甚至无法生存? 尼采发现,道德是一个骗局,是堕落的标志,是懒惰者、懦弱者、无能者阴谋的产物,用以反对所有伟大的、高尚的、崇高的、强大的、卓越的和值得骄傲的东西——"只有颓废之人,才把怜悯称为美德"。尼采用"不道德的人"来定义自己:"我骄傲地将这个词据为己有,它使我居于所有人类之上。"①

作为反道德主义者,尼采高声反对并轻蔑地拒绝了犹太-基督教传统的道德教诲——"欧洲文明",或更确切地说,欧洲文明的自我理解,以及欧洲文明不断追求却从未实现的理想,正是建立在此基础上。他颠覆了为道德理念和善恶对立奠基的公理。

　　什么是善? 凡是增强人的力量感的东西⋯⋯都是善。

　　什么是恶? 凡是由软弱产生的东西都是恶⋯⋯软弱者和失败者会消亡,这是人性的第一原则。我们甚至要协助他们消亡。

　　什么东西比恶更有害? 主动怜悯一切失败者和软弱者⋯⋯②

尼采自豪地说:"我了解破坏的快乐","我是最棒的破坏

---

① Friedrich Nietzsche, *Ecce Homo*, trans. R. J. Hollingdale, Penguin, 2004, pp.13, 101.

② Nietzsche, *The Antrichrist*, p.4.

者"。①其他几代"最棒的破坏者"从尼采的思想中汲取灵感,配备了言即肉身②的武器,或者更准确地说,言杀肉身的武器,努力把尼采的愿景变为现实。从尼采那里,他们学到或热切采纳的内容,是对"距离感"的赞美,③是"被人人平等的谎言颠覆的贵族心态"。他们"协助软弱者和失败者消亡"的意图,能从尼采的判决中得到赦免,因为尼采认为,基督教向他的同代人④灌输的道德观是"在地上爬的东西反叛高尚者"⑤。基督教的道德观是"隐藏的蠕虫",是怯懦群氓反叛的遗毒。

"政治上的优越性总是会归结于心理上的优越性,比如,'干净'和'不干净'的最初对立是作为阶级区分的标志。"基于这个逻辑,对尼采而言,人分为两类:因为强大所以完美的人,因为软弱所以失败的人。在他的眼中,这种区别凌驾于其他一切区别之上,是所有区别的根本性解释。

> 强者是贵族、身居高位者、识见高远者,感到自身是善的,是第一等的,与其相对立的是下等人、见识浅陋者、平庸者、群氓……高尚感和距离感……在一个低等品种、一类"下等人"的衬托中,一个统治性高等品种产生的持续性、总体

---

① Nietzsche，*Ecce Homo*，p.97.
② 此处原文为"make the words flesh",在《圣经·约翰福音》中有一句话"the Word was made flesh",译为"道成肉身",也就是上帝在塑造人的肉体时融入了自己的意志,此处是对这个典故的化用。——译注
③ Nietzsche，*The Antichrist*，p.63.
④ 他们的"口臭"让他感到"窒息"。
⑤ Ibid.，pp.52，63.

性、基本性感觉。这就是善恶对立的起源。①

"贵族和强者"成为衡量一切美好和高尚的标尺,成为其代名词,而其余人变为下等人、低等种族,成为平庸者和群氓,这一切究竟是如何发生的? 答案是,"主人拥有的命名权力是如此之大,可以把语言视为主人权力的表达"。强者拥有选取词语"封印他人"的权力,因为只有他们能够这样做。由犹太教发明,后被基督教接管和扩充的道德观,是一场反叛,一场由"被封印在词语中"、被隔绝在善的宇宙之外的人掀起的反叛,这种观点并不符合基本真理。在反叛的旗帜上,绣着颠倒的真相:

> 只有悲惨的才是善的;穷人、病人、令人恶心的人,是仅有的虔诚的人,仅有的受到庇佑的人,救赎只是对他们而言的——但是你,你是贵族、强者,你永远都邪恶、可憎、贪婪、不知满足、毫无信仰;你永远都得不到祝福,受到诅咒和唾骂!②

这种反叛是出于一种名为"怨恨"的情绪,其中混杂着羡慕、嫉妒和认知失调。反叛没有其他的来源,因此不需要其他解释。反叛过去和如今都是一种复仇行为,反叛者代表会说:它所针对的是强者的身居高位与高尚,而不是强者对其力量的不公平和自

---

① Friedrich Nietzsche, *The Genealogy of Morals*, trans. Horace B. Samuel, Dover, 2003, p.15.

② Ibid., pp.11, 17.

私利用。反叛是为了报复高尚的思想，而不是高压的手段……卑贱者无法忍受看见有人比自己高尚，他们会感到羞愧和反感。这是因为，他们眼前的景象令他们垂涎，却永远无法实现；尽管他们热切地渴望变得高尚，却永远被拒之门外。他们觉得，如果自己尝试模仿高尚者的显赫，会不可避免地遭受失败。对于高尚者而言是自然的、合乎逻辑的东西，卑贱者只能作为一种淫巧来获得——以暴力侵犯本性的方式。但是，他们妒恨、渴求的高尚者存在于世的方式，恰恰是与淫巧不相容的——任何的偷盗、模仿、抄袭都不可行。一旦属于高尚者的"善"转移到卑贱者的身上，或者被他们所窃取，善就转变为它的对立面：恶。尼采认为，对主人的掠夺不会、也不可能让庸人变得高贵。

　　"出身高贵者"直接感觉到自己是"幸福的"，他们用不着先去瞥一眼敌人，然后人为构造自己的幸福，或者在某些情况下说服和欺骗自己是幸福的——怨恨之人习惯于这样做；作为一个完整的人，充满力量的人，他们必然精力充沛，不把行动与幸福相分离……
　　与此形成尖锐对比的，是软弱者和受压迫者的"幸福"；他们身上长有溃烂的怨恨与敌意；对他们而言，幸福基本上表现为麻醉、麻木、宁静、平和、"安息日"、精神衰弱和肢体放松。简单来说，一种纯粹的被动现象。①

---

① Friedrich Nietzsche，*The Genealogy of Morals*，trans. Horace B. Samuel，Dover，2003，pp.20-1.

　　一些不平等的捍卫者为了政治正确,对不平等的广泛增益保持缄默。与他们不同,尼采始终直率地宣扬贵族秩序。他暗示、预见、承诺"涓滴效应"的出现:幸福是少数优越者的独有权利,群氓从这种排他性中可以获得的唯一的善,是接受这个自然法则。接受这个法则,他们就可以免除怨恨给他们招致的考验、苦难、折磨和挫败。

　　可以说,在尼采眼中,贵族秩序的智慧在于给予所有人合理属于他们的事物:强者拥有丰茂的幸福,弱者拥有顺从和接受命运带来的平静。对弱者和不幸者施以怜悯和同情,既是残忍的,也是无用的:这不会让弱者变得强大,只会让他们变得不幸福;唤起他们的希望是不明智的,因为这只会让他们承受失败和自卑的双重痛苦。作为尼采的授权代言人,查拉图斯特拉说:"我最大的危险潜藏在纵容和默许之中;全人类都希望受到纵容和默许。"①伟人和强者的自私是"健康的、神圣的",因为他们的伟大和力量是给所有人的馈赠——能想象到的最伟大、最慷慨的唯一礼物。唉,查拉图斯特拉会说,除此之外还有一种专属于软弱者和卑鄙者的自私,一种病态的自私,"一种穷困、饥饿的自私,它总是想着偷窃……它以窃贼的眼神注视着一切有光泽的事物,饥饿的它贪婪地搜寻着食物丰足者,它总是偷偷地围绕在赠予者的桌子旁。"②

　　作为尼采的全权代表,查拉图斯特拉所述要义并不晦涩或模

---

① Friedrich Nietzsche, *Thus Spoke Zarathustra*, trans. R. J. Hollingdale, Penguin, 2003, p.204.

② Ibid., p.100.

糊。每个人都能够拥有幸福,但每个人的幸福并不相同。对于高贵而强大之人、高尚且意志坚强之人来说,"健康的、神圣的"自私就是幸福;对于其余人来说,唯一可得的"幸福",准确地说,是避免觉得不幸福,是接受上述不容置疑的真理,遵循它的教诲;最重要的是,其余人必须接受自己的平庸,尽早放弃幻想,避免采取终将失败的行动——这些行动只会损害他们自身。他们错误地认为能变得像那些高过他们头顶的人一样,但是,弱者不是强者,弱者永远不会成为强者。

在这幅图景中,不存在对幸福的追求。这两种截然不同的"幸福",都不能被人所获得:有或无,是注定的;若是人们任由自己受到塞壬之歌①的欺骗,就可能在同情(对于高贵强大者而言)或怨恨(对于平庸卑贱者而言)的诱惑下放弃自己所拥有的幸福。自然的判决无法修改,修改者必定付出惨重代价。若要避免毁灭,人类必须得到解放:让高贵强大者摆脱怜悯、同情、(不合理的)内疚和(毫无必要的)顾虑,让平庸卑贱者摆脱希望。

我已经花费了足够的篇幅论述尼采的超人形象。所谓超人,就是受到伟大事业的召唤、时刻准备顺应天命的人。这样的人注定不会过上轻松的生活:他必须先赢得自由,还要竭尽全力捍卫自由。在被尼采从中间分开的人类全景图中,超人是唯一的"自我成就之人",因为他必须成为他自己:运用超人之力,履行他作为超人的使命,获得超人的身份(认同)。阻碍他实现使命的可能

---

① 在希腊神话中,塞壬具有女人的头和鸟的身躯,是会用迷人歌声引诱附近水手、使其触礁的危险生物。——译注

性,与他至高无上的能力和坚定不移的意志势均力敌。这些不利条件就是成群的"渺小者"。

在名为"造就渺小的美德"(On the virtue that makes small)① 这章,查拉图斯特拉与他的聆听者分享了超人的情感:

> 我穿行于这群人之中,睁着我的眼睛……他们向我咬来,因为我对他们说:渺小的人需要渺小的德行——而且因为我难以理解为何渺小的人是必需的!
>
> ……
>
> 我穿行于这群人之中,睁着我的眼睛:他们已经变得渺小,而且越来越渺小——他们的幸福和德性信条造成了这样的结果。
>
> ……
>
> 基本上,他们天真地最想要的一件事就是:没有人伤害他们。所以他们先行迎合每个人,对每个人都好生相待。
>
> 但这就是怯懦,虽然这也被叫做"德性"。
>
> ……
>
> 他们是机灵的,他们的德性拥有机灵的手指。然而,他们没有拳头,他们的手指不知道如何握入拳头。
>
> ……
>
> 但这就是,平庸,虽然它被称为节制。

---

① 在 2007 年由三联书店出版的钱春绮译本中,该章节译为"变小的道德";在 2018 年由上海人民出版社出版的孙周兴译本中,该章节名为"萎缩的德行";此处译法以原文和前后文语境为准,故译为"造就渺小的美德"。——译注

……

你们会变得越来越渺小，你们这些渺小的人！你们将破碎，你们这些苟且偷安之人！你们会被毁灭——毁灭于你们大量的小德性，毁灭于你们大量的小疏忽，毁灭于你们大量的小顺从！①②

话语中充满了对"渺小者"的鄙夷。在卡罗尔·里德（Carol Reed）执导的电影《第三人》（*The Third Man*）中，有一个名为哈里·莱姆（Harry Lime）的无耻之徒，在战争时期经营投机生意。他在维也纳普拉特游乐园的摩天轮上，说过类似的话。站在64.75米的高空向下俯瞰，人类确实显得渺小、无足轻重，就像一只只蚂蚁。在哈里·莱姆眼中，不法商人为牟取暴利，掺假盘尼西林，由此造成的痛苦和死亡只不过是"连带伤害"，不值得一提，算不上什么，因此不值得去费神。"渺小者"是那种不配得到人类待遇的人。一些人身处运气的摩天轮顶端，他们对此笃信不疑。

"渺小者"或许是渺小的，事实也的确如此。但是，他们数量众多。尼采借查拉图斯特拉之口说，他们"成为每个忙碌者的妨碍"。在世间，"存在着和正义、怜悯一样多的软弱"。正义和怜悯就是软弱。追求正义，怜悯他人，都是软弱的行为。力量意味着拒绝怜悯和正义，至少是"渺小者"要求的正义："'我们都是平等

① Friedrich Nietzsche, *The Genealogy of Morals*, trans. Horace B. Samuel, Dover, 2003, pp.188-191.

② 译文参考了《查拉图斯特拉如是说》，孙周兴译，上海人民出版社，2018年，第253—259页。

的'群氓会眨巴着眼说:'不存在所谓的超人,我们全体都是平等的,人就是人,在上帝面前——我们都是平等的!'……但上帝已死。在群氓面前,我们不要平等……你们这些超人呵,上帝是你们最大的威胁……上帝已死:我们现在希望,超人万岁。"①

超人的降临让上帝变得多余。当纵容、默许和怜悯被尽数扫除之后,在超人眼中的世界里,在他描绘、期待、渴求和引导的世界里,不再有上帝的位置——平等的上帝,人的守护神。在即将到来的超人的世界中,问题不在于如何保护人,而在于"如何战胜人"②

尼采重复最多的要求是,"重估一切价值"。其中,最迫切需要重估的价值是对弱者的同情和怜悯。软弱即罪恶,不该受到怜悯,而应不留情面地予以蔑视。解放意味着打碎同情的枷锁。因此,自由究其本质是少数人的主张,是超人(现在的或有志成为的)的主张;为了少数人获得自由,其余人——"渺小之人"——必须摆脱(或者说剥夺)他们对自由和获得同情权利的幻想。

尼采说出了"后现代牛仔"的信条,即以一种向心的方式追求幸福。同代人难以接受他的这种坦率。无怪乎,尼采将自己视为一个"先驱"。然而,自那之后,尼采的真诚从一个缺点变成了主要优点。流动的现代社会中的哈里·莱姆式消费者会引用尼采的表述,借以规避政治不正确的指责。以这种方式,他们不用暴露自己的姓名,也不会引发众怒。或许,这便是尼采在当今如此

---

① Friedrich Nietzsche, *The Genealogy of Morals*, trans. Horace B. Samuel, Dover, 2003, pp.189, 204, 189, 297.
② Ibid., p.297.

受到欢迎的主要原因,尽管这个原因不经常被宣之于口。我们的时代是尼采复活的时代。他不再是传统破坏者或标新立异者,他被当今的许多诠释者视为最具洞察力的情感代言人,越来越多当代人的生活哲学受到这些情感的启发和指引。

如果说,弗里德里希·尼采的哲学是围绕"超人"的轴心展开,那么,伊曼努尔·列维纳斯著作的轴心就是责任。当二者作为生活哲学并列时,这两个范畴暗示和传达了二者的两极对立。尼采哲学提供的方案是自我关怀、自我强化和完全自我指涉的关心。在尼采的学说中,对幸福的追求就是为自我提升付出努力。列维纳斯的学说却描绘出了一个关心和关爱他人的图景,幸福是"为……存在"。

伊曼努尔·列维纳斯认为,对他人的责任是我主体性的"本质、首要、基础的结构"。伦理,道德义务的情感冲动,履行自己责任的冲动,对于我的存在而言,不是蛋糕上可有可无的糖粉,也不是合意但不必要的装饰。相反,"主体之结被编入伦理之网,伦理即责任"。[①]我存在,是因为我为他人存在。"存在"和"为他人存在"几乎是同义词。

当他者面孔跃入我的视野,它向我招手,打开了一种可能性,让我可以逃离"孤立的实在",召唤我存在。存在和"实在"(existence)不同,如果没有分享,它便不可想象。列维纳斯指出,"实在

---

① Levinas, *Ethics and Infinity*, p.95.

是我唯一无法交流的东西；我可以讲述它，但我不能分享我的实在"。[1]我由我承担的责任编织而成：对"非我所行之事或于我无足轻重之事"的责任。"因为他人看着我，我便对他负有责任。但他无须对我负有任何责任。""面孔命令我，主宰我。"[2]凭借命令来主宰，因为主宰而命令。

　　我们可以说，这样的责任先于我所有的意图而存在。我和他人的关系究竟是我依赖于他，还是他依赖于我，无关紧要。在"面孔命令我"这种说法中，"命令"只是一个比喻。它所指的不是普通、日常意义上的"命令"，不是发出一条需要服从的指令。命令我负起责任的"他者面孔"，不是我的上级或主管者的面孔，这个"他"不会因为我忽视指令或拒绝执行而让我遭受痛苦，或对我施以惩罚。我遵从这个命令，并不是因为"他"拥有更强大的力量，却是因为"他"的脆弱，因为"他"没有能力逼迫我承担"他"的在场给我赋予的责任。这里所说的"在场"（presence），更有可能被列维纳斯替换为"接近"（proximity）。但是，这个词和"命令"一样，只是一个比喻，所指的既不是物理意义上的接近，也不是制度意义上的接近，例如亲属关系。它仅仅指向将我置于责任状态的行动。

　　如前所述，进入责任状态并不是一场交易，不是一份契约，不是一种阐明和平衡我们各自的权利和义务、承诺和期望的行为。

---

[1]　Levinas，*Ethics and Infinity*，p.57.

[2]　Ibid.，pp.57，96-7.

主体间的关系不是对称的……如果我对他人负有的责任，要求我付出生命的代价，他人不必同样以生命回馈我。回馈与否是他人之事。因为我与他人之间的关系不是互惠的，我才服从他人；正是在这个意义上，我是"主体"。我支撑所有人……我总是比其他所有人负有更多的责任……

我是他人的支撑，我对他负有责任……我的责任不可转移，无人能替代我的位置。事实上，当我说出我身为人的时候，我就开始承担责任……责任是我必须履行的、专属于我的义务。作为人，我不能拒绝承担责任……我之所以是我，仅仅是因为我负有责任，他人无法替换我。我可以取代任何人，但任何人都不能取代我。这就是我不可剥夺的主体身份。①

列维纳斯在各种语境中以各种措辞反复强调和告诫，"道德迫切性不等于本体论的必然性"。②对他人的责任、为他人而存在的"现实"并不是物理现实，也不是"社会事实"意义上的现实——涂尔干认为社会事实具有不可违抗的强制力，具有对任何不服从者或违反者施以惩罚措施的能力。责任不具备决定我行动的能力。人们可以对道德的迫切要求视而不见、充耳不闻，也可以刻意违背之。他们并不会因此受到法律的审判，只会遭到轻微到中度的排斥，道德共同体的制裁，以及对个人自尊无法弥补的伤害。

---

① Levinas, *Ethics and Infinity*, pp.98-101.
② 这一表述出现在 ibid., p.87.

是否直面并承担道德责任，根本上取决于选择——除了良心的呼唤，并没有多少支持因素。承担责任与否是无法保证的；"人有可能不对他人作出响应；恶的可能性始终存在……我不能确保'别样存在'①最终一定会取胜。"②在最好的情况下，天平并不偏向任何一方，但大多数情况下，可能性不站在道德这边。道德不比存在更为强大，也不比实存"更具现实性"，道德仅仅是更好的（better）。承担我的责任是追求"更好"所结的果实，但并不是所有人都会选择这项追求。

最终，一切都归于这一选择，这一终极选择。在追求幸福的道路上，我们都要面对它。我们每一天都需要做出选择，然后日复一日地重申并坚持它。

我们只能重复本书开篇引用的塞涅卡诗句："当他们想要看清是什么创造幸福生活时，他们却只能在黑暗中摸索"；2 000 年后，与塞涅卡的同代人相比，我们似乎并没有更加靠近目标——黑暗中的光。我们仍在摸索。归根到底，这就是所谓的"生活艺术"。

补记：作为生活选择之原型的进食行为

如今，畅销书的有效期差不多介于牛奶和酸奶之

---

① 别样存在（otherwise than being）：列维纳斯用这个词指代服从他人，也就是从自我中心的存在孤独感中逃脱出来。

② Emmanuel Levinas, *Entre nous. Essais sur le penser-à-l'autre*, Bernard Grasset, 1991, p.132.

间，畅销书的榜单每周都在发生变化。但是，至少在美国，有两类图书几乎每周都会名列榜单。这些书会介绍新的减肥方法，或者令人食欲大开的创意食谱。

美国人的人格是分裂的。他们会在灌输、鼓动和劝告之下不断寻找新的乐趣，每天也都会听到新的承诺，接触到新的诱惑。美国人渴望体验新的味蕾狂欢，渴望在朋友和其他重要人物的赞扬声中，成为文雅、时尚的美食家或鉴赏家。他们被灌输和劝告，应该照顾自己的身体，因为身体是现在和未来所有享乐的容器，只有状态良好才能持续不断地接纳新乐趣。他们每天也都收到警告，不应摄入脂肪、有毒物质和其他"体内的敌人"，因为这些东西会损害他们的身体。美国人心事重重地打量着每一勺食物，计算进食之后需要消耗多少热量，并研究食品包装袋上奇怪的化学名称，以求在希望得到的好处和可能产生的坏处之间取得平衡。这是一个两难困境，容易产生分裂人格和矛盾人格，用时髦的医学术语来说，也就是精神分裂症。人们采取的任何举动，都需要考虑补救措施，以消除可怕的副作用。

厌食和贪食，是流动的现代消费生活分娩的孪生兄弟。这对长相明显不同的孪生兄弟能帮助我们理解充斥着无尽选择的生活。这种生活迫使生活艺术家在彼此不相容的价值观和相互矛盾的冲动之间做出选择。每当矛盾无法解决时，为解决矛盾而付出的努力，以及在此过程中调用的知识，都被认为是不充分的。行动者也可能承受无能或疏忽的指责。

米勒（N. F. Miller）和多拉德（J. Dollard）是两位美国心理学家，他们利用小鼠进行了一项实验，让小鼠面对兼具美味猪油和可怕电击的"捆绑交易"。小鼠在发出矛盾信息的源头处反复转圈，无法做出理性的决策——实际上，这时根本没有理性的决策可做。这两位研究者在 1941 年提出了一个理论：当"靠近刺激的趋势"（adiance）与"远离刺激的趋势"（abiance）①达成平衡之时，很有可能会导致思维失衡，引发非理性行为。康拉德·劳伦兹（Konrad Lorenz）用刺鱼重复了这个实验。刺鱼会本能地驱赶自己领地的入侵者，也会本能地离开其他刺鱼的领地。劳伦兹把大量刺鱼放入一个狭小的水族箱，刺鱼就无法确定它们究竟是处于自己的领地，还是处于其他刺鱼的领地。在难以理解、无法调和的矛盾信号面前，刺鱼尾巴朝上，把头埋进了沙子。它们无法在两种"理性"行为模式之间做出选择，无法确定应该战斗，还是逃走。

这两项实验有助于我们理解现代消费社会中的厌食和贪食现象。在这个社会中，兼具吸引人的收益和令人憎恶副作用的"捆绑交易"，以及面对某些情形不知道应该遵循哪套规则的矛盾心理，十分常见，也是社会的

---

① 也可以理解为拉力和推力，吸引与排斥。吸引力与饥饿感成正比；越靠近裸露的电线，排斥力越大。

永恒特征。我们甚至可以说，在这样的环境里，厌食和贪食是可以预见的反应。与小鼠和刺鱼相比，人类只多了一个重要因素：人类的反应形式往往受到文化的影响，而不是单纯由先天的本能决定。因此，人类的反应受到变幻莫测的文化规范的限制。尽管矛盾心理是人类生存境况的常态，但是，如果"向心的"冲动在今天没有占据优势地位，如果人们没有把自我关注和自尊，首先或甚至完全等同于关心身体，那么，人类的反应也不会以进食障碍的形式出现。关心身体，更直白地说，是关心身体健康，是关心身体制造和接纳快乐的能力。快乐也会来自外部世界以及寓居其中的他人。关心身体还包括关心身体外表。身体外表的目的，是吸引快乐感受的潜在提供者。

几乎完全降格为关心身体的自我关注，让消费主义社会中的男女陷入与米勒-多拉德小鼠以及劳伦兹刺鱼相似的境地。身体和外部世界的边界必定会成为滋生矛盾感和焦虑感的土壤。"外部世界"是身体存续所需物质的唯一来源，并提供快乐，以激励对身体的照顾。只不过，在外部世界，也存在一些可怕的因素，威胁着身体存续和身体制造、消费快乐的能力。在这些可怕因素中，一些是已知的，到处都是，但由于人们对其不完全了解，所以很难发现和躲避；另一些是未知的，由于人们尚未与之遭遇，未将其揭露，因此不可见，更令人感到恐惧。对于这个困境，存在一种彻底（或者说理性）的解决方案,即关闭边界,禁止边境交通。然而,这个方案不是一个可选项。只有牺牲更多的快乐,才能减少有毒物质的侵袭;若要完全把有毒物质阻挡在外,就只能像冥王哈迪斯①一样,阻断所有的快乐和愉悦。身体和外部世界的边界需要被密切地监视,身体上的所有敞口都需要荷枪实弹的警卫和警觉的移民官 7 天 24 小时全天候看守。

　　某些国家对于外部世界矛盾性的反应就属于厌食症:关闭国界,禁绝一切进口物品,让国民始终处在穷困和短缺之中。国民甚至会习惯这种痛苦的生活,开始害怕任何改变。饥饿的他们会憎恶饱腹的感受,就像弗兰兹·卡夫卡(Franz Kafka)《饥饿艺术家》(*A Hunger Artist*)中的主人公一般,因为禁食仅限于四十天而愤怒和绝望:"现在刚到四十天,为什么就停止表演呢?他已经坚持了这么久,久到仿佛没有尽头。为什么要在他的表演登峰造极之时停下来?也许,他还能够更上一层楼。为什么不让他禁食更久,以获得无人可及的声名?……既然他觉得自己的饥饿表演能力没有上界。"②

　　另一方面,贪食症意味着直面挑战,决心以对手的方式打败对手。可以将之视为格雷戈里·贝特森所说

---

① 　哈迪斯,拉丁语写作 Hades,是希腊神话中掌管冥界的神,也是宙斯的哥哥。冥界入口有冥河相隔,有三首犬刻尔柏洛斯看守,不允许随意进出。——译注

② 　Franz Kafka, "A Hunger Artist", trans. Willa Main and Edwin Muir, in *Collected Short Stories*, Penguin, 1988, p.271.

的"分裂演化链"(schismogenetic chain)上的对称型。[1]冲突双方(市场诱惑和目标消费者)拿着同样的武器,在比拼中追逐同样的奖赏,任何一方的胜利都会激发另一方的决心和斗志。挑战的内容越无所顾忌、不知羞耻,回应就越具有挑逗性和煽动性。富足换来更多富足,无度带来进一步的无度。

　　当然,这两种反应都是文化促成的结果。它们会以盲目模仿的方式传播,也会以相似的方式变得过时。毕竟,在真实存在的问题面前,它们是臆想性反应。这两种反应也是非理性的,因为它们无法解决问题,也无法迫使问题消失。迟早有一天,它们会因为毫无效用而不再受欢迎。到那时,人们会寻找并发现新的反应方式。新的反应方式不一定更有效,但它未经尝试,尚未失去信任。然而,为了切断这两种反应之根,还需要付出更多的努力,因为它们深埋于现代消费主义的肥沃奢靡土壤,已经迅猛增生。

---

[1] 格雷戈里·贝特森(Gregory Bateson),英国人类学家、符号学家、控制论学者。在《社会学之思》中,鲍曼将"分裂演化"定义为"每一个行动都会招来更强烈的反应,人们逐渐丧失了对情境的控制"。分裂演化共有对称式和互补式两种,前者指以眼还眼、以牙还牙,后者指一方的软弱反应会激起另一方的攻击决心。(《社会学之思》,齐格蒙特·鲍曼、蒂姆·梅著,李康译,上海文艺出版社,2020年,第53—54页。)——译注

后记：论组织与被组织[①]

无论知情与否，愿意与否，喜欢与否，我们都是自己生活的艺术家。身为艺术家，意味着为原本无形的事物赋形；意味着操纵可能性；意味着在原有的"混乱"之上建立某种"秩序"：使某些事件变得更有可能发生，从而"组织"原本混乱的——随机的、杂乱的、无法预料的事物和事件的集合。

"组织"或"管理"，是一对孪生词，意味着把各种分散的行动者和资源聚合起来，加以协调，以实现目标。其默认的前提是：这种聚合和协调本来不会发生。为了清晰表达意图，我们经常会说：我需要"把内容组织起来"或者"把自己组织一下"；有时候，我们也会解释，如果希望实现目标，"组织"是我们必须要做的事情。

除了专业组织者，即我们所说的"组织"这种实体的负责人，

---

① 此处原文标题为"On Organizing and Being Organized"，本章中的"organize"取《牛津英语词典》中的第二个意项，指将各部分依照特定的秩序或结构加以整理和组织。——译注

我们应该向谁咨询如何组织事物,以及我们自己? 毕竟,我们认为这些人的专长就是确保事情得以完成,日复一日,符合预期,绝无差错。这就是他们工作的内容和目标。最近,《牛津英语词典》也向我们指明,组织负责人的工作是,为某种事物"塑造一个明确的、有秩序的结构"。这里也有一个默认的前提,"某种事物"本来是没有形式和秩序的。明确而有序的……"组织"概念进入日常用语后,直到最近,提到"组织"总是会让人们想起图表和示意图、指令、部门、时间表、规章手册;想起秩序对混乱的胜利——前者是某些事件比其他事件更有可能发生的状态,后者是任何事件的可能性都相等或无法计算的状态;想起"四个 c",即连续性(continuity)、稳定性(constancy)、一致性(consistency)、条理性(coherence);想起框架优先于内容、总体优先于个体、管理目标优先于被管理的行为。

　　我之所以说"直到最近",是因为在今天,人们在踏入任何组织总部的时候都会发现明显的变化。几年前,约瑟夫·派恩(Joseph Pine)和詹姆森·吉尔摩(James H. Gilmore)出版了著作《体验经济》(*The Experience Economy*)。①这本书的标题,加上哈佛商学院名望的助力,激发了商科和管理学学生的想象力,他们准备按照组织研究的新范式重塑公司主管和总裁的思维模式。哥本哈根商学院出版社曾出版过一本内容有趣的文集。②这本文

①　B. J. Pine and J. H. Gilmore, *The Experience Economy*: *Work is Theatre and Every Business is a Stage*, Harvard Business School Press, 1999.

②　Daniel Hjorth and Monika Kostera (eds), *Entrepreneurship and Experience Economy*, Copenhagen Business School Press, 2007.

集的主编丹尼尔·约尔特（Daniel Hjorth）和莫妮卡·科斯特拉
（Monika Kostera）勾勒出了组织学范式的发展路径，并详细地追
溯了过去以"管理"为中心、以控制和效率为优先的范式是如何转
变为了新兴范式，即关注创业精神，强调"最重要的体验特征：即
时性（immediacy）、娱乐性（playfulness）、主体性（subjectivity）和表
演性（performativity）"。

　　管理主义已经被淘汰，或正在快速退潮，尽管它偶尔也会发
出怨言，显得不太情愿。莫妮卡·科斯特拉认为，管理主义的特
征是"以权力为养分，并不断积累更多的权力"。它最先是夺取工
人和办公室职员的权力。随后，它逐渐爬向更高的权力等级，甚
至把权力从管理层夺走。"工厂变成了巨大的机器……工人只不
过是传送带上容易出错的附件。办公室很快也走上相同的道
路……"但是，在从管理主义转向"体验经济"的过程中，新的组织
类型诞生了，它"富有创业精神，毫不掩饰自己的不拘一格，是非
线性的，有时完全不遵循逻辑。这类组织的活力之源是即时性、
主体性、娱乐性和表演性"。①似乎，我们已经到了向稳定性、一致
性和条理性告别的时候。至于连续性，它也许会出现，出现在结
果之中，却不再出现在计划以及人们所宣称的目标和动机之中。
就算真的提到了连续性，组织的负责人或股票经纪人也不会把它
当作组织的优势来宣传。

　　至于这个正在发生的剧变会对社会和个人产生怎样的影响，

① 　Daniel Hjorth and Monika Kostera（eds），*Entrepreneurship and Experience Economy*，Copenhagen Business School Press，2007，pp.287，289.

我们尚未达成一致的结论。有些人把这次组织的彻底改造,描述为朝着解放和赋能员工迈出的坚实一步。其他人则认为,包括下属和主管在内的所有人,由此会更深地陷入对工作的依赖。有些人提到自由度的显著增加;其他人则说,一种贪婪无情、四周环伺的新控制正在崛起。有些人说,非人化的纪律和程序正在快速退却;其他人则说,我们仅存的少量自主性和隐私空间将被侵占和攻陷。有些人认为,我们即将恢复和确立员工自我管理和自我伸张的权利;其他人则表示,我们会加深对员工的个人品质和优势的剥削,以及对其私人事务的挤占。这些截然相反、明显不兼容的描述,至少在一定程度上,都是正确的。每一条都能找到足够的支持性证据,不至于立刻就遭到否定。

"体验经济"的到来究竟会引发什么?答案不甚明朗,我们仍无法摆脱模糊性。从"管理经济"向"体验经济"的转变似乎是不可阻挡的。造成这种印象的一个主要原因是,所有的决定性判断都不再有效,曾经清晰区分生活和价值的界限正在逐渐模糊、软化或消失。在过去,生活和价值是两个自我维系的自治领域,工作场所和住所、受雇用的时间和自由时间、工作和休闲、企业和家庭之间的界限是清晰的。马克斯·韦伯的观点仍让我们记忆犹新:现代性产生于企业和家庭的分离,它反对一切与组织目标无关的事物,以及一切不服从组织客观逻辑的事物。如今,这种界限又逐渐变得模糊、灵活,甚至完全消失。

在移动电话、笔记本电脑和平板电脑的时代,人们找不到任何理由与工作场所或家庭短暂地切断联系,更无法躲避工作义务或家庭责任。随时听从公司老板和同事、家庭成员和朋友的召唤，不再只是一种可能性，更是一种义务、一种内在鞭策。英国人的家或许仍是他的城堡，但这座城堡的墙壁充满孔隙，无法隔绝任何声音。英国人经常在家中工作，在工作场所玩耍，他们不再明确地知道每个场所的自然用途；不知道应该期望什么，在哪里、在什么时间期望什么；也不知道在哪里、在什么时间能得出期望已经落空的结论。

原先被认为属于工作场所、受到管理的相当多种功能，如今由所谓的"协作者"所"承包"，被市场关系所取代——市场的风格是："不满意，请退货"；或者"分配"给了个体员工，把执行的责任和承担后果的义务从老板转移给雇员。如今，真正的支配意味着不必承担传统的管理任务，而是把这些任务转移给他人，或者下放给层级较低的人。

无论是直接还是间接雇佣，当雇佣者"购买劳动力"时，雇员的自我或个性中的大部分特质都不在交易的范围内。但是，一旦雇员得到"授权"，开始自我管理，这些部分就可以接受雇佣者的剥削。自我管理的雇员会主动调用身上这些传统劳动合同不能涵盖的部分，部署管理者无法触及的资源。这些新近得到"授权"的雇员，无论是否戴着"分包商"的帽子，不会计算他们为了实现雇主的目标付出了多少时间，反而会控制和压抑身上阻碍或破坏目标实现的因素。若他们仍处于主管的管理和直接控制之下，这些因素的影响恐怕难以得到压制或清除。

"主体性"和"娱乐性"是这种新型组织寄予厚望的两种特质。之前，最适宜这两种特质的存在环境和培养环境是家庭、朋友关系网和社群。但如今，组织也会贪婪地从这些地方攫取雇员的时间、精力和情感,通过人为激发雇员的警惕性和紧迫感,诱发雇员对组织"热忱奉献"。因此,最适宜这两种特质的环境逐渐被边缘化,变得贫瘠,失去了原本的价值。现在,组织需要自己播种和培养他们想要调动的品质,而不是在那些传统的场所收获自主种植和"待收割"的作物,以增加成员的"表演性"。

　　结果可能会事与愿违。组织的意图是减轻"体重",以适应流动的、快速变化的环境。但是,在应对新挑战的过程中,组织反而会变得更加"沉重"。在日新月异的世界中,组织很有可能像童话中日渐衰老的女巫一样,需要越来越多的处子之血才能保持年轻。我们把组织转型升级时发生的善意或恶意的收购委婉地称作"兼并",它总是强制性的,也总是伴有财产的剥离。组织的发展可能表现为贪食症:一阵阵地狼吞虎咽,其间穿插着呕吐和抽脂的痉挛;一阵阵地疯狂减肥,周末去所谓的"健康农场"(health farm)休养。成本和收益孰高孰低还有待计算。但就目前来看,为了满足新需求而增长的成本,可能会远远高于外包节省的成本。

　　尼尔斯·阿克斯特伦(Niels Åkerstrøm)是哥本哈根商学院的一名教授。他将组织的雇员比喻为现代婚姻或同居关系中的一方。无论是在组织之中,还是在婚姻和同居关系之中,紧急状态,即需要召集和调用所有理性和情感资源的状态,往往是一种常态,而不是例外。无论是在组织中,还是在婚姻和同居关系中,人们"总是在怀疑自己是否被爱……人们渴望受到肯定和承认,这在两种关系中是相同的……个体雇员的行为由他是否得到接纳来决定。"①阿克斯特伦认为,"爱"是新型组织行为策略的"准则"。因此,不存在固定不变的书面雇佣合同,正如一对情人在同居时不会有口头约定那样,不存在所谓的"祸福与共""至死不渝"。合作关系永远处于新生状态,不确定未来是什么,一方需要一再地、以更具有说服力的方式证明,他们"赢得"、"值得"雇主或合作伙伴的支持和忠诚。"被爱"这种状态永远都不能完全或充分得到证明,它总是有条件的,即持续不断地提供新的证据,证明一个人有能力去履行,获得成功,有能力一次又一次地赢过现有的或潜在的竞争者,始终"胜人一筹"。这个过程永远都不会完结,正如爱和认可的要求永远无法得到完全的无条件满足。我们没有时间可供浪费,所以不能躺在过去的荣誉上:桂冠转眼就会枯萎和褪色;成功在得到的刹那便遭人遗忘;公司里的日常是一连串无休止的紧急状况……既让人兴奋,也让人疲惫:冒险家的兴奋,怯懦者的疲惫。

最后,"体验经济"倡导个人主义的"赋能",其中的逻辑是人们不再需要工作伙伴之间的合作、共同投入和团结,这些事物甚至成为阻碍。当采取团结立场时,情感纽带会变得坚韧,相互奉献会增多,但人们得到的收益会变少,牺牲却可能很大。各种趋势,如樊尚·德·戈勒雅克②列举的,薪酬个性化、共同诉求分散化、放弃集体协定、削弱"特定的团结"③,都不利于共同体的团

---

① Sophie Bjerg Kirketerp, "The loving organization", *Fo*, 3(2007)("The virtual living" issue), pp.58-9.

② 樊尚·德·戈勒雅克(Vincent de Gaulejac),法国社会学家,主要研究临床社会学。——译注

③ Vincent de Gaulejac, *La société malade de la gestion*, Seuil, 2005, p.34.

结。如今,人人都为自己,"团结"(solidary)中的"d"被替换为"单独"(solitary)中的"t",管理者从由此带来的"生产力"增长中牟取了最大利益。

尼尔斯·阿克斯特伦发现,人们倾向于依照爱情关系模式重新构造组织。他的观察本可以将我们引向一场更宽泛的变革,成为组织"范式转变"的基础:在流动的现代环境中,人与人之间情感联结所发挥的功能已经发生深刻的转变,这种转变主要发生在爱情关系中,但也普遍地表现在友情之中。众所周知,在今天,情感联结的吸引力上升到前所未有的高度,但是,情感联结却越来越不能扮演其应有的角色——这种角色是它始终充满吸引力的原因。

我们想"建立深厚的友谊和伙伴关系",这种愿望比以往任何时候都更加强烈和热切。正因如此,我们的关系中充满了喧哗与愤怒,充满了焦虑和戒备。我们在今天会有如此意愿,用雷·帕尔①恰当且令人难忘的话来说,是因为在这个流动的现代世界的"湍急河水中",友谊是唯一的小船。我们坐在小船上才敢直面的"湍急河水",是不稳定、脆弱的工作场所,它饱受相互怀疑的毒害,经常被残酷的竞争撕裂;是总是面对开发商威胁的居住社区;是无数条充满不确定性的道路,不仅缺少路牌,指明哪条道路会通往体面的生活和成功,且路牌还会毫无防备地出现和消失;是

————————

① 雷·帕尔,原名雷蒙德·爱德华·帕尔(Raymond Edward Pahl),英国社会学家,主要研究社会交往和社会分化问题。——译注

对我们的身体健康和财产安全的威胁，因为过于模糊，我们无法确定，更无法与之抗衡；是持续不断的压力，要求我们展现出勇气并"证明自己"，却从不提供完成这个任务所必需的资源；是关于时尚生活的接连推荐，其更新的速度如此之快，我们追赶不上，无法避免掉队或被驱离跑道的风险。可靠、忠诚、可信、"至死不渝"的朋友伸出的一只援助之手，一只可以信赖的手，在需要的时候能心甘情愿地迅速伸出，就像岛屿之于海难中的幸存者，绿洲之于沙漠里的迷途者，我们需要这样的手，希望拥有这样的手——越多越好……

但是……但是！在流动的现代环境下，终生的忠诚是一种祝福，也是一种诅咒。如果海浪改变了方向该怎么办？如果新的机会示意，昨天的安全资产转变为今天的风险负债，珍贵的财物转变为讨厌的负担，漂浮的救生圈转变为灌铅的坠重物，该怎么办？如果亲近的人变得不再可爱，但仍然烦人地亲近我们，该怎么办？焦虑由此而来：害怕失去朋友或伴侣的恐惧，夹杂着无法摆脱我们不再需要的人的恐惧，还有担心自己才是朋友或伴侣急切想要摆脱之人的恐惧："我需要更多空间。"在"网络"中，连接和断连的戏码不断上演。人际关系网络如今是最令人苦恼的矛盾所在地。它把纠缠在一起的困境摆在生活艺术家面前，引发的混乱远远多于开释。

伊凡·克里玛[①]问道："一方面是追求个人幸福和新爱情的

---

① 伊凡·克里玛(Ivan Klima)，捷克小说家、剧作家、纳粹集中营幸存者，代表作有小说《被审判的法官》和戏剧《城堡》等。——译注

权利,另一方面是破坏家庭、给孩子造成创伤的不计后果的自私,
两者之间的边界究竟在哪里?"①准确标记出这条边界可能是一
项艰巨的任务,但有一点可以肯定:无论这条边界在哪里,当我们
宣称人与人之间关系的捆绑和解开是无关道德的中立行为时,这
条边界就被打破了。由此,行动者先天地被免除了对彼此的行为
所产生结果的责任,也免除了"爱"承诺、营造和维护的祸福与共
的无条件责任。"建立一段良好的、持久的相互关系需要付出巨
大的努力",这与利用消费品寻求享乐背道而驰。克里玛认为,可
以与爱相提并论的是:

> 一件艺术品的创作……它同样需要想象力和全神贯注,
> 需要人的个性所有方面的结合,需要艺术家的自我牺牲,需
> 要绝对的自由。但最重要的是,爱和艺术创作一样,都需要
> 行动,即非常规的活动和行为;都需要对伴侣内在本性的持
> 续关注——为了理解他或她的个人特质,并且尊重这种特
> 质。最后,爱也需要包容,也就是意识到不能把自己的观点
> 或理念强加在伴侣身上,也不能阻碍对方的幸福。

我们会得出这样的结论:爱没有向我们承诺一条通往幸福和
意义的轻松道路。虽然消费主义激发的"纯粹关系"向我们应许
了那种轻松生活,但是,出于同样的原因,幸福和意义会因此成为

---

① Ivan Klima, *Between Security and Insecurity*, Thames and Hudson, 1999,
pp.60-2.

命运的人质。

简而言之，爱不是可以被找到的，不是发现之物或"现成品"。爱需要人们每天、每小时去重造，时刻需要唤醒、重申、照料和关怀。随着人际纽带日益脆弱，长期承诺不受到欢迎，"责任"从"权利"中剥离，人被免除了"对自己的责任"之外的任何责任，爱要么从开始就是完美的，要么从开始就已经失败——最好将之抛弃，换一个新的、改良的版本，并期待它是真正完美的。这样的爱不可能在第一次小争吵中幸存，更不用说第一次严重的分歧和冲突。

康德说，幸福是想象的理想，而不是理性的理想。他也告诫我们，人性曲木绝对造不出笔直的横梁。约翰·斯图尔特·密尔（John Stuart Mill）似乎把这两种说法融为一体。他提醒我们：一旦你质疑自己是否幸福，你就不再幸福……古人大概也产生过相同的怀疑，但是他们奉行"我呼吸，我希望"的原则。他们相信，如果不付出艰辛，生活就没有价值。2 000 年之后，这条建议仍未过时。

图书在版编目(CIP)数据

生活艺术 / (英)齐格蒙特·鲍曼著 ；鲁擎雨，姚
晨辉译 .— 上海 ：上海社会科学院出版社，2024
书名原文 ：The Art of Life
ISBN 978 - 7 - 5520 - 4324 - 2

Ⅰ. ①生… Ⅱ. ①齐… ②鲁… ③姚… Ⅲ. ①生活方
式—研究 Ⅳ. ①C913.3

中国国家版本馆 CIP 数据核字(2024)第 048004 号

The Art of Life © Zygmunt Bauman 2008
Simplified Chinese Edition Copyright © 2024 by Shanghai Academy of Social
Sciences Press
All Rights Reserved
本中文简体版翻译自 The Art of Life by Zygmunt Bauman 2008，经由剑桥政
治出版社有限公司(polity press)安排出版。
上海市版权局著作权合同登记号:图字 09 - 2022 - 0678

生活艺术

著　　者:[英]齐格蒙特·鲍曼
译　　者:鲁擎雨　姚晨辉
责任编辑:应韶荃
封面设计:璞茜设计
出版发行:上海社会科学院出版社
　　　　　上海顺昌路 622 号　邮编 200025
　　　　　电话总机 021 - 63315947　销售热线 021 - 53063735
　　　　　https://cbs.sass.org.cn　E-mail:sassp@sassp.cn
照　　排:南京理工出版信息技术有限公司
印　　刷:上海崇明县裕安印刷厂
开　　本:890 毫米×1240 毫米　1/16
印　　张:5.625
字　　数:117 千
版　　次:2024 年 6 月第 1 版　2024 年 8 月第 2 次印刷

ISBN 978 - 7 - 5520 - 4324 - 2/C · 230　　　　　　　　定价:45.00 元

《工作、消费主义和新穷人》

Work, Consumerism and the New Poor

[英]齐格蒙特·鲍曼 著
郭楠 译

齐格蒙特·鲍曼

（Zygmunt Bauman, 1925—2017）

当代极具影响力的思想家，被誉为"当今用英文写作的最伟大社会学家""后现代性预言家"。出生于波兰，曾任华沙大学社会系教授、英国利兹大学终身教授。鲍曼用文字译写世界，一生撰有50多部著作。著作中译本包括《工作、消费主义和新穷人》《社会学之思》《现代性与大屠杀》《现代性与矛盾性》《立法与阐释者》《流动的现代性》等。

在生产者和普遍就业的社会中，贫穷是一回事；在消费者社会中，贫穷又是另一回事。在消费者社会中，生活项目围绕消费者的选择而建立，而不是围绕工作、专业技能而建立。"贫穷"曾经与失业联系在一起，如今，它主要指向有缺陷消费者的困境。这种差异改变了贫穷的体验方式，对于拯救苦难产生重大影响。著名社会学家鲍曼的这部作品，对消费者社会及其影响进行了反思和论述。在本书中，鲍曼追溯现代历史上发生的这种变化，对其社会后果进行盘点，并考虑了与贫困作斗争和减轻困苦的各种方式的有效性。

燧石文库

II

罗斯巴德重磅作品
美国政治经济史典藏之作
全景呈现美国大萧条前夜
揭开进步时代背后的秘密

《现代美国的起源》
The Progressive Era

[美] 默里·罗斯巴德　著
[美] 帕特里克·纽曼　整理汇编
粟志敏　陈玲　姚晨辉　蔡建娜　译

默里·罗斯巴德（Murray N. Rothbard, 1926—1995）

美国经济学家、历史学家、自然法理论家。著有《自由的伦理》《权力与市场》《美国大萧条》《银行的秘密》《为什么我们的钱变薄了》《美联储的起源》《人、经济与国家》等。

19世纪80年代到20世纪20年代，美国出现了许多社会、政治和经济的改革实践。这个时期被称为"进步时代"。进步时代是美国历史上最具重要意义的时期之一。当时，美国社会正经历从农业社会向工业社会的急剧变革，美国经济迅速发展，但也产生了大量的经济社会问题。传统历史学家认为，反垄断、环境保护、禁酒、妇女参政权、儿童保护、产品质量控制成为当时进步主义改革者的重要选择。

有别于传统的历史学家，罗斯巴德在本书中并非向读者详细描述进步时代。相反，他以大量史料为基础，对这个时代进行了革命性诠释，深入分析了当时政策选择背后的原因、推动群体。在罗斯巴德看来，进步主义带来了有组织种族主义的胜利，南部黑人被剥夺选举权，移民终止，联邦政府推动建设的大政府、大企业和大工会三方联盟，对军人形象和征兵的大肆赞美，以及美国的海外扩张。简而言之，进步时代启动了美国现代政治经济体系的形成。

扫码购书